102歳、一人暮らし。

哲代おばあちゃんの心も体もさびない生き方

石井哲代・中国新聞社

文藝春秋

はじめに「自分を励ます名人になって、心をご機嫌に」

ああ、気持ちいい。いま昼寝から覚めたところです。朝から畑に出てしっかり体を動かして、お昼をいただいてからくーっと一眠りしました。一人暮らしですけえな。誰にも気兼ねせず、のんきなものです。夜、眠れますかとよう聞かれますが、心配には及びません。床に就けばストン、グーなんでございます。頭がすっきりしたところで、はじめまして。ただいま102歳、石井哲代と申します。100歳なんて、子どもの頃はおとぎ話に出てくるおばあさんのことだと思っていたのに、自分がその年を超えたということに驚いております。

広島県尾道市の山あいの町で暮らしています。26歳で嫁いで参りました。家の田んぼを手伝いながら、56歳まで小学校の先生をしておりました。子どもは授かりませんでしたので、20年前に夫が亡くなってからはずーっと一人暮らしです。小さな畑の守《も》りをしながら、ご近所さんとのおしゃべりに精を出す日々でございます。

そんな毎日が、ちいとせわしなくなったのは100歳になってから。地元の中国新聞で、私の日常が連載記事で紹介されるようになりました。畑の大根がええ出来じゃとか、正月に雑煮の餅を3個食べたとか、まあ何でもないことばかり書いてるんでございます。それが感想や励ましのお手紙がたくさん届くようになって。そりゃあうれしかったんです。

そうしたらさらに驚くことに、本にしてくださるというんです。わおー、わおーでございます。天に昇るというか、降りるというか。この年で生きとるだけでも幸せなのに、まあどうしましょう。

老いるとできないことは増えるし、心がふさぐ日もあります。でもね、嘆いてもしょうがない。私は自分を励ます名人になって、心をご機嫌にしておくんです。人を変えることはできませんが、自分のことは操作できますけえな。そんなおばあさんのひとり言を集めたような本でございます。あの世で夫も大笑いして読んでくれとることでしょう。

哲代おばあちゃんってどんな人？

＊生まれは？
1920年、広島県の府中市上下町《じょうげちょう》生まれ。
アニメ映画にもなった漫画『この世界の片隅に』のすずさんより5つ年上です。

＊仕事は？
20歳で小学校教員になり、56歳で退職してからは畑仕事。近所の人からは、いまも「先生」と呼ばれています。

＊家族は？
26歳で同じく小学校教員の良英《よしひで》さんと結婚し、尾道市美《み》ノ郷《ごう》町へ。子どもはなく、83歳で夫を見送った後は一人暮らし。姪やご近所さん、教え子たちがよく訪ねてきます。

＊身長、体重は？
150センチ（今はちいと縮んどるかもしれません）、45キロ。

＊足のサイズは？　22.5センチ。

＊好きな食べ物は？
お肉でもラーメンでもなんでも好きです。一番が選べんの。あれこれ順位を付けたら食べ物に申し訳ない気がしてねえ。食べ物がない時代に育ったからでしょうかなあ。

＊好きな飲み物は？　熱い日本茶。

＊どんな家に住んでいる？
写真で分かりますかな？
長い坂を上った先にある２階建ての日本家屋です。土間の台所でいつもご近所さんとおしゃべりしとります。田は３反ほどあるんじゃが、一人では米作りもしんどいから今は知人に任せています。私は小さな畑でぼちぼち野菜を作っています。

＊どうぶつは飼っている？
2、３年前まで長年めんどりを４羽ほど飼っていました。名前はみんな「こっこちゃん」。毎朝卵を産んでくれていましたけど、イタチに狙われて全滅したんです。かわいそうだからもう飼うのはやめました。

＊きょうだいは？
4人きょうだい。兄の剛民《たけと》、弟の悟示《さとし》、妹の桃代。兄と弟は他界しましたが、桃ちゃんはいま95歳で神戸にいます。

＊愛車は？　スズキの赤いシニアカー。89歳の時に購入して乗り始めました。

＊特技は？　食べること、しゃべること。畑の草抜きは「名人級」。

＊座右の銘は？　さびない鍬《くわ》でありたい。

＊畑で育てているものは？
野菜は一年中何か作っています。ざっと数えたら21種類ありました。あとは仏壇や墓に供えるお花ですね。

※本文中に出てくる人の年齢はすべて当時のものです

健康で長生きするための八つの習慣

私には、日々を心地よく過ごすための習慣がいくつもあります。これらの習慣を、手間を惜しまず、楽しみながら繰り返してきたら、こんなに長生きできました。私がとりわけ大切にしている八つの習慣を皆さんに紹介します。

一、朝起きたら布団の上げ下ろし

起きるのは毎朝6時半頃です。2020年の夏頃から介護用のベッドを借りています。ベッドで寝る

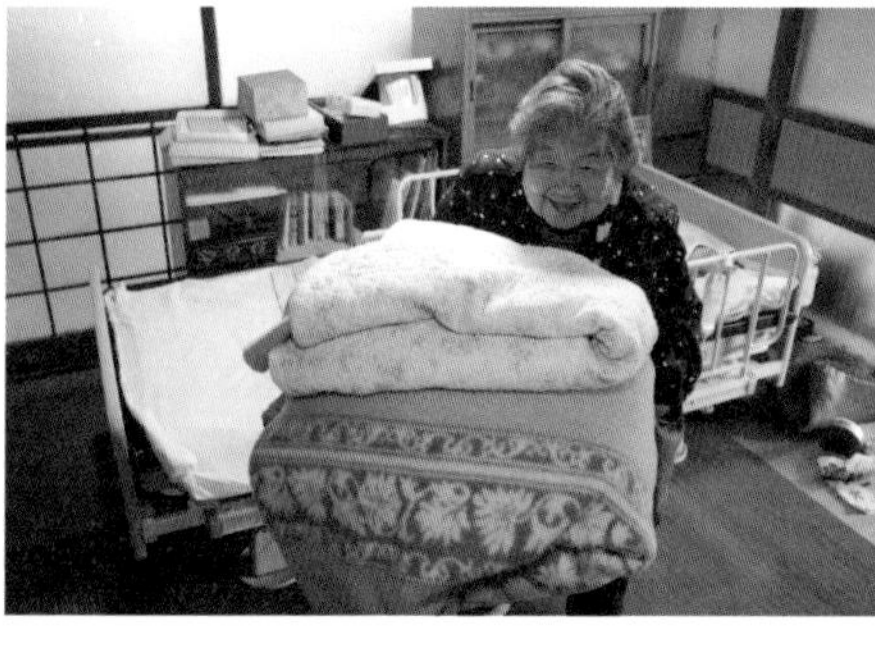

ようにはなりましたけど、布団の上げ下げをしていたそれまでと同じように、起きたら掛け布団を畳んで廊下にある押し入れに収めます。それが私の朝イチの仕事です。ちゃんと目が覚めて布団を上げられるのは幸せなことじゃと思うんです。

寒い時期に使っているのは毛布3枚と敷布団。羽毛布団は軽くて温かいけど、かさばるでしょう。だから毛布を重ねて寝ようるの。そうしたらおばあさんでも運びやすいです。何回かに分けて行ったり来たりね。わざわざジムに行かんでもええでしょ。運動じゃと思うてやっとります。

二、いりこの味噌汁を飲む

26歳で嫁いでから毎朝、必ず味噌汁を作ります。いりこで出汁を取ります。頭を取って、そのまま具としていただきます。小さくちぎって青菜やナスと炒めたり大根と炊いたり、何でもいりこ。うちにある動物性食品はいりこだけですなあ。私の命綱でございます。この味噌汁とご飯、漬物が私の朝ご飯の定番です。

三、何でもおいしくいただく

子どもの頃から好き嫌いはありません。それも、ようけ食べます。ふだん食事は一日三食で、野菜炒めをようこしらえます。畑にあるものを使ってちゃちゃちゃっとね。ご飯の量は一回2膳が基本。ばら寿司だったら平皿に山盛りいただけますなあ。ご

飯に対しては敬意を表したいから、一人の食卓でも「いただきます」「ごちそう様」は欠かしません。3時頃には熱いお茶をいれておやつをいただきますが、その時は「はい、おやつタイムですよ」って自分に声を掛けるの。なんだかうきうきするんでございます。

きょうは初めてハンバーガーを食べました。おいしゅうございました。この年になって何でもおいしくいただけるのは口元にあるほくろのおかげですかな。「いやしぼくろ」っていうて、食べ物に苦労せんって小さい頃から言われとりました。宝物でございます。

四、お天気の日にはせっせと草取り

天気のいい日はたいてい家の周りや畑の草を抜いています。雑草で荒れると家や畑がかわいそうな気がします。

しゅうとめさんは暇があれば草取りをするような人でした。家の前の道端や石垣の隙間まで。範を示してくれようちゃったからでしょうか、私もいつの間にか放っておけない性分になりました。きれいになると気持ちもすっきりします。

4、5年前までは元日に「仕事始め」って言うて鍬《くわ》を手にちょこっと畑に出ていました。今年も元気に働かせてもらえるように「鍬さん、畑さん、よろしくお願いします」って新年のごあいさつをするんです。今頃（最近）はしませんねえ。寒いけん。へへへ。

五、生ごみは土に還す

ミカンの皮や野菜くずを肥料袋にためて堆肥を作ります。昔、しゅうとめさんから「石と金物以外は田畑に入れて肥《こえ》にせえよ」と教わってからずっと守っとり

ます。

土に還るもんはすべて還す。庭にも肥料袋を置いておいて、抜いた草や落ち葉もためておくの。一年で60袋くらいになります。それを稲刈りを終えた田にすき込んでもらいます。これで、ごみの量はえっと（ずいぶん）減ります。

六、こつこつ脳トレに励む

ずいぶん前から、新聞に折り込まれている脳トレちらしで時々漢字の書き取りをやっとります。何度も挑戦したいから答えは別の紙に書くんです。今のところだいたい100点です。さて、きょうも解いてみましょうか。

七、良英さんと会話する

20年前に見送った夫の良英さんの写真を枕元に置いています。目線が合うよう、ベッド脇のたんすの引き出しをちょっと引いて、そこに立て掛けているん

です。なんとなく、まなざしを感じます。「よう頑張りんさるなあ」と、良英さんも褒《ほ》めてくれとってでしょうな。

寝る前には「おやすみなさい」って声を掛けます。一緒におるような気がして頼りになります。仏壇には朝夕2回、良英さんが好きだった日本酒を杯に入れて供えます。そのお下がりを私もくいっといただいております。いける口でございます。

八、柔軟体操をする

思いついた時に柔軟体操をします。この脚も人よりようけ使うとりますが、よう動いてくれてじゃ。ありがとうと言いたいです。座って両脚を伸ばして前屈するとと脚に頭がぺたーっと付くの。開脚したり立って前屈したりもしますよ。

あとは両腕を真っすぐ上に伸ばして、上半身を大きく回す。体のあちこちを伸ばすと気持ちええです。

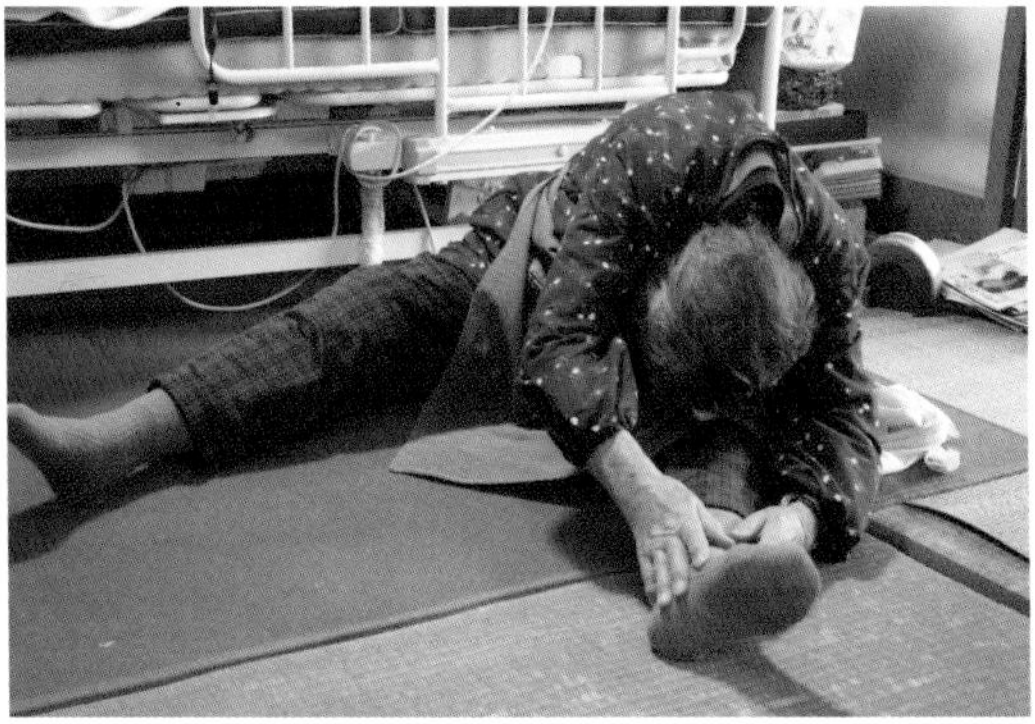

もくじ

よく食べ よく寝てよくしゃべる。

第一章　100歳から101歳「きょうも好日」

「悩み事があっても、日記に書くと心がすーっとする」という哲代おばあちゃんが、30年以上毎晩つけているという日記形式で、日々の暮らしをご紹介します。

2020年10月

さびない鍬《くわ》でありたいの

1日

きょうは畑のコスモスをひっこ抜きました。私の背丈より伸びとるの。ソラマメのためにまいた畑の肥料を横取りしたんじゃね、きっと。こんなこと言ってはなんだけど、憎らしゅうなりました。コスモスのかれんなイメージはひっくり返りましたよ。

よりちゃん（兼久世利子さん。67歳。ご近

所の友人）がくれた葉物野菜の種が畑できれいに芽を出しています。ありがとう。大きく育てます。

6日

柏餅《かしわもち》をこしらえました。いつもは毎年5月に作るけど、今年は足の皮膚の感染症がひどうなってちょうどその時期、1カ月ほど入院してたんです。前庭で柏の葉が立派に広がっているのが気になって。よりちゃんに「柏の葉のいいのがあるねえ」って言い続けたん。そしたら作ろうって言ってくれて。ふふふ。

両手でころころと優しくあんこを丸めて餅で包んで、洗った柏の葉を巻いて蒸すんです。硬すぎず軟らかすぎず、立派な餅ができました。おしゃべりしながら作るのが楽しいんです。

13日

近所に住んでいる直ちゃん（横山直江さん。72歳。良英さんの兄の三女）に付き添ってもらって、農協で初めてカードを使ってお金を下ろしたんです。胸がどきどきして今でも手が震えます。便利ですわねえ。でもね、なんかせんない（せつない）。いつもだったら窓口で用事をして、あの人この人に「ありがとう」「さよなら、さよなら」ってごあいさつして帰るでしょう。それが、だあれも人がおらんしね。お金がいとも簡単にさーっと出てきて、ぽかーんとして帰るだけ。愛想がないねえ。人としゃべるのが好きな私には、なんかせんない。**人と話をするのは、私にとっては活力でございます。**

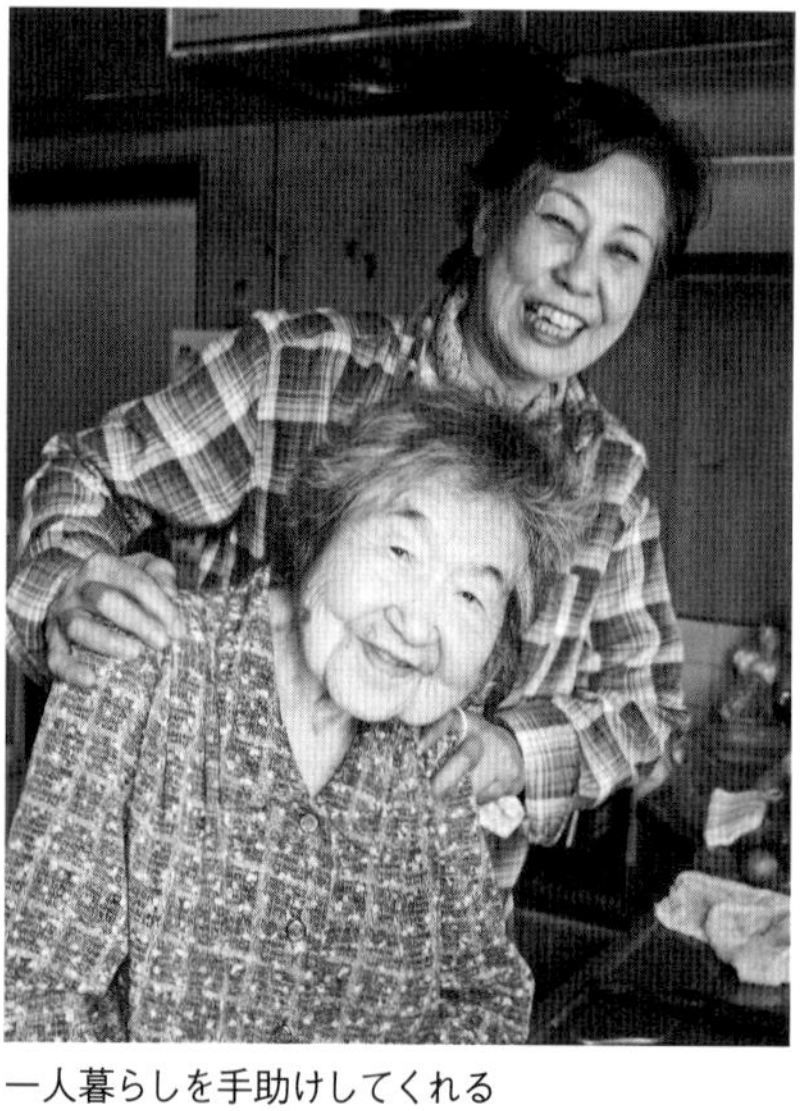

一人暮らしを手助けしてくれる
頼れる姪の直ちゃんと

14日

直ちゃんから栗入り松茸ご飯をいただきました。大きく切った松茸がどかっとご飯に載っかっていましたよ。ああ、おいしそう。大ごちそうです。**初物を食べたら75日長生きをする**って言うでしょう。松茸食べてまた75日、寿命が延びました。どうしましょう。

17日

干し柿をつるしました。畑にある柿の木にようけ実がなってたんだけど、手の届く6個だけ取りました。今年は少ししかないけど、これで正月にお供えできます。

19日

天気のいい日は畑の草取り。自慢の「三つまた鍬《くわ》」で耕すんです。半世紀近く使い込んで先がちびて、まあるくなってるけど、まだまだ現役です。

私の手も鍬と同じです。長年使って曲がってしもうて。でもね、**若い頃からずっと「さびない鍬でありたい」と思ってきたの。**何かしてないと人間もさびるでしょ。体も頭も気持ちも、使い続けているとさびないの。鍬は私の一生の宝物でございます。

年を取ると一日が長いと言う人は多いですが、私にはあっという間です。朝食にいりこの味噌汁をこしらえ、畑に出ては草と格闘し、毎晩日記をつけ、贈り物をいただけば礼状を書き、下着と靴下は別々に洗って……。**当たり前の毎**

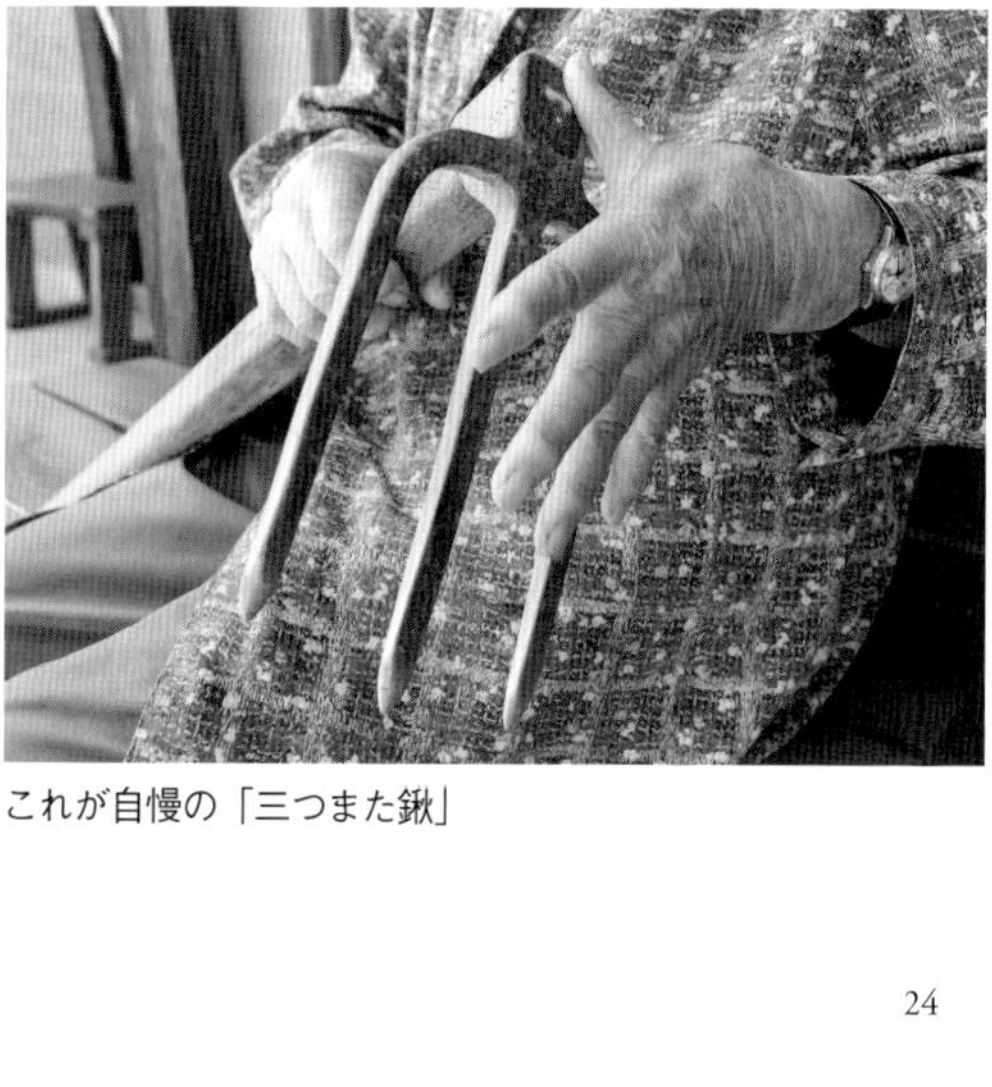

これが自慢の「三つまた鍬」

日に感謝し、ささやかなことに大喜びしています。こうして、体も心も大いに動かすから、朝までぐっすり眠れます。

21日

きょうは夫の命日です。良英さんとは、言うてみれば恋愛結婚みたいなもんかな。仕事熱心で、子どもにも親にも慕われる豪快な先生じゃったんです。仏壇にはね、朝と晩にお参りします。朝は手を合わせるだけ。でも晩は大きな声でお経を読みよります。

大きい声が出るんじ

やけえ、これも使わんと損でございます。

お経を読むのは、実はおしゅうとめさんがしてたことなんです。主人やお義《と》父《う》さんは晩酌してるのに、お義《か》母《あ》さんは一人で大きな声でおつとめをしよっちゃった。亡くなってからは私が後を継いでやりよるの。時には気分が乗らん日もあるんだけど、ご先祖様が待っとってじゃから、少しだけでも必ずお参りするの。

2020年11月

嘆くより忙しゅう動きます

1日

毎日、何度もこの坂を行ったり来たりするんです。鍬なんかを杖にして、そろりそろり後ろ向きに下ります。すねが笑って力が入らんけえ、つんのめって転げちゃあいけんでしょう。足が痛い時は、歩くのに集中して歩数を数えます。50歩ちょっとで下りれるの。これもトレーニングじゃ思うてます。**この坂は**

元気のバロメーター。ここを歩けるうちは大丈夫。坂との真剣勝負を楽しんでいるのでございます。この坂のおかげで体も心も強くなります。よし行くぞってなもんです。

坂を下りる時、たまたま通りかかったご近所さんが「転げんように」と見ていてくれるんですよ。ありがたいことです。

2日

きょうは冷たい雨が降ったので、一日中、家の中で過ごしました。雨の日はどうしても気持ちがふさいでしまいますね。私、人生を謳歌《おうか》しよるように見えるでしょう。でもね、悩みはあるんでございます。**悩み事は日記にちょびっと書きます**。**そしたら心がすーっとする**。自分で納得するんですね。

もうとっくに吹っ切れたつもりでしたが、子どもがいないこともあって、年を重ねるほど心細さを感じます。こんな雨の日に一人で家にいると「人生をしまう時、周りに迷惑をかけにゃええが」などと考えてしまいます。

だから、いつも忙しゅうして自分を慰めるの。自分をだましだまし、やってるんでございます。

3日

きょうは「タッタッタ」（89歳の時に購入したハンドル付き電動車いす「シニアカー」）に乗って畑とお墓に行きました。うちの墓は山裾にあって畑の畦《あぜ》をさっそうと駆けていくんでございます。墓所にはご先祖様のお墓がいくつも並んでおります。

タッタッタでどこへでも行きます。タッタッターと行きたい場所に連れて行ってくれるから、こう呼んでます。2キロほど離れたお寺にもよく出掛けます。足が悪うなってしもうて遠くまで歩けんか

らね。**タッタッタは私の相棒でございます**。

5日

パーマに行きました。そこにめったに会えない人がおっちゃって、時間を忘れて大盛り上がりで話し込んでしもうた。そうしたらね、はぁ。直ちゃんと紅葉を見に行く約束を忘れとったの。直ちゃんは「よくあることよ」って笑っとったけど申し訳ないことをしてしもうた。パーマかけて頭はすっきりしたけど、中身もすっきりしすぎて困ったもんでございます。でもね、**嘆くことにエネルギーを使うと心も体も弱るばかり**。落ち込みそうになったら、用事を作って体を動かすことにしています。

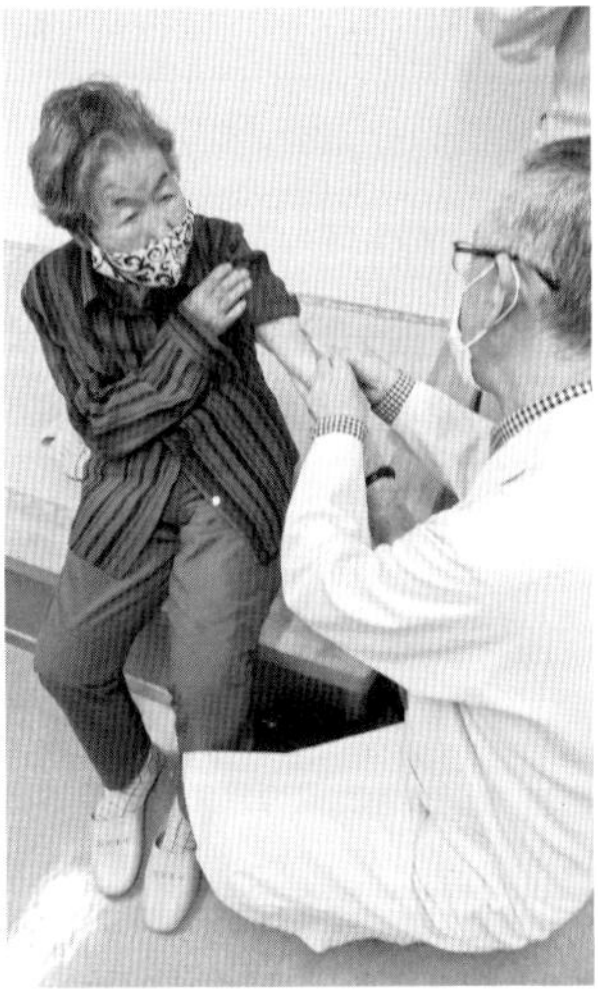

6日

生まれて初めてインフルエンザの予防注射をしました。かかったりせんと思うけど、今年から週1回、デイサービスに行き始めたから注射せんといけんそうです。注射はあんまり好きじゃありません。

8日

直ちゃんとご近所さんとで三原の御調《みつき》八幡宮にお参りしました。静かで紅葉がきれいでね。とても気持ちのいい一日でした。まずは今の幸せを感謝して、これからも続きますようお祈りしました。それから一族みんなが元気に過ごせますように、幸せに暮らせますようにと、ほんま我ながら欲張りなことです。

12日

次の日曜日に夫の後輩だった人が訪ねてくると言うてじゃから尾道の街におまんじゅうを買いに行きました。ちぃと高いけど好きなのがあるん。街に出掛けたら買うて、時々は自分にご褒美をあげるの。

でもね、おまんじゅうもおいしいけど、パンもええですね。**大好きなのは三原市の「オギロパン」のあんぱん**。師範学校に通っていた頃、学校の目の前に店があったんです。寄宿舎暮らしで普段の朝ご飯は味噌汁に麦ご飯じゃったけど、日曜の朝だけはオギロパンが2個と牛乳なんです。それが楽しみで楽しみで。思い出したらまた食べたくなりました。

16日

毎月16日は大通寺《だいつうじ》さん（いつもお参りしている浄土真宗本願寺派の寺）で仏教婦人会の例会があります。まず境内の親鸞《しんらん》様の像に「こんにちは。参らせてもらいました」とごあいさつさせていただきます。家では毎晩、仏壇の前で一

人でお経を読むんですが、お寺では皆さんと声を合わせ「正信念仏偈《しょうしんねんぶつげ》」を読みました。**仏様の前に座ると心が静まります**。皆さんのお顔も見られる。余計にこの日が待ち遠しいんです。

夕方になって芋を掘りました。ご近所さんはとっくに掘り終わっとるけど大きくなるのを狙っとりました。おばあさんは水やりもせんけえな。横着でいけません。それでも立派な芋ができました。「哲代さんは年を取っても畑をやりよる。ちいとは協力してあげましょうかね」と土が言うてくれてるのでしょうか。

24日

黒豆を干しています。これでおせちが作れます。黒豆を炊くのに欠かせないのはさびた釘《くぎ》です。釘をきれいに洗ってさらしで包み、糸で縛っておきます。水に一晩つけた黒豆を大鍋に移して水や砂糖、しょうゆ、塩、重曹と一緒に釘も入れて弱火でことこと煮ていきます。落とし蓋をして6時間ほどかなあ、忘れてしまうほど煮るんでございます。軟らかくなったらできあがり。

黒豆も大好物で、ご近所さんたちにあちこち配って、わずかこれだけしか残りませんでしたが十分です。

大事にいただきます。

2020年12月

苦労のない人生はつまらんです

7日

きょうは久しぶりに学校帰りの子どもたちに会いました。きょう会った子たちも、あっという間に大きくなって、もう高校生。春から看護師と歯科衛生士の学校に進むんだそうです。高校を卒業したら地元を離れる子も多い。頼もしいよね。うれしいことです。

この子たちが小学生の頃は、毎朝うちの坂の下に立って登校するのを見送ってました。一人ずつと握手してね。「いたたっ」っていうくらい思い切り握っちゃるん。**元気出して行くんぞ、きょうも頑張れよって**。

学年が上がるにつれ、握り返してくる力が強くなっていくのがうれしかったですね。

たまに私が寝坊して道端に姿がないと、心配して玄関をピンポーンしてくれるの。慌てて出ると「あー、よかった。おった」って。これじゃあどっちが見守りしていたのか分かりません。

でもね、子どもが減って、とうとう朝の見送りはこの3月でおしまいになってしまいました。寂しいもんですね。

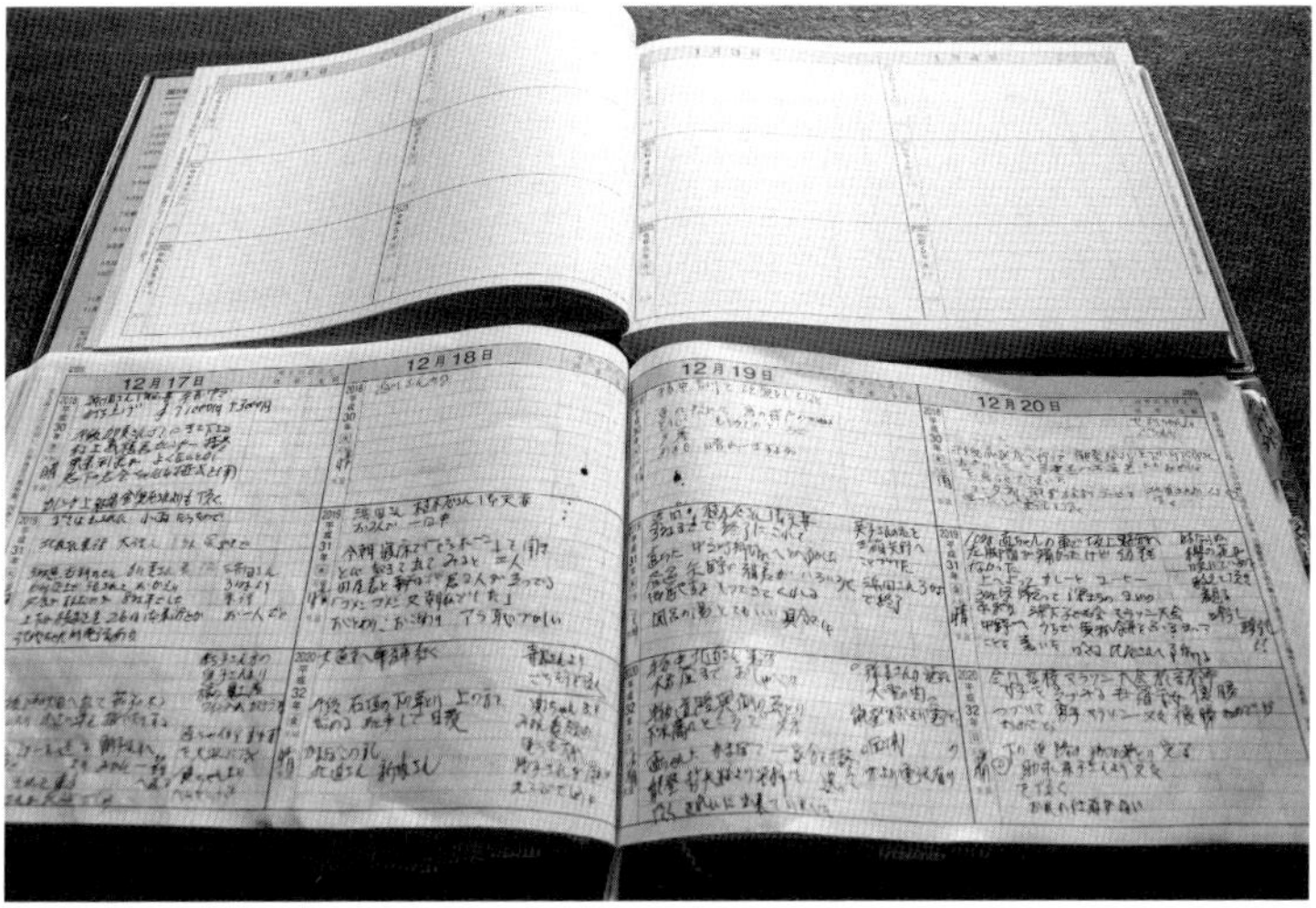

8日

今晩も日記を書きました。一冊で3年分が残せる「3年日記」をずっとつけよります。会った人や畑のことを思い出しながら夕食後に書くんです。今の日記帳は今年で書き終えるから新しいのを用意しました。次の日記が終わる頃には103歳ですか。どうなりましょうに。**紙を粗末にできんから長生きせんといけませんのう。**

9日

きょうは、ぼんやり昔のことを思い出しました。20歳で尋常高等小学校の先生になりました。1940年、太平洋戦争が始まる前の年です。無我夢中でしたなあ。駆け出しの頃のこと、よう覚えとります。

昼休み、校舎の脇の日だまりに長椅子を出して、子どもたちを座らせるの。**順番に爪を切って、髪をとかして、鼻水を拭いてやるのが日課でした。**親はその日をどう生きるかで精いっぱいの時代じゃったから、子どもの身の回りのことを気にかける余裕なんかなかったけぇねえ。

きょうだいが多いし、親は必死で働いとるし。当時の子どもは親に甘えることができんかった。だからね、一人一人に全力で愛情を注ぎましたよ。手を握り、頭をなでてやるうちに向こうも安心して体を寄せてくるの。いとおしかったです。

56歳で退職したんですが、きょうは教え子が奥さんと一緒に訪ねてきてくれました。教え子って言うても、もう80代。でもここに来たら小学生の男の子に戻るんですね。

家庭科でパンツを縫ったことがあったんですが、その子はええ具合に仕上げられんかった。でも根気強く何とか形にしてね。**苦労したことが子どもの糧《かて》に**

なります。私も「できたできた」って一緒に喜んで。頑張ったことを褒めたもんです。その子もよく覚えとってね。思い出話で盛り上がりました。

13日

大根が畑にたくさんできています。昔のように漬物なんてしやせんし、食べる分だけ抜くんです。よいしょ。本当に大きな大根でね。おばあさんじゃあ抜けんの。うちに来ちゃった人に「抜いて持って帰って」って言うんじゃけど、上手に抜けんから先っぽが折れてしもうて。畑に残った先っぽをおばあさんはいただきます。

16日

京都の本願寺さんから記者さん（浄土真宗本願寺派の機関紙「本願寺新報」の記者）が取材に来られました。１００歳のおばあさんが毎晩大きな声でお経をあげておるからでしょうかな。ようけ写真を撮ってもらって。**飾ったところでぼろが出るだけ。ありのままを見てもらいました。**

18日

正月には早いけど干していた黒豆を炊きました。黒豆は「苦労豆」。苦労しますようにと願って黒豆をい

ただくんです。苦労することで見えたり感じたりすることもあるでしょう。どう乗り越えようかって考えますもんね。

苦労のない人生はつまらんです。

なんちゃって。口ばかり達者でございます。

21日

きょうの新聞は世羅《せら》高校の駅伝の活躍があちこち出ていて隅々まで読みました。きのうはテレビで応援しましたよ。

世羅には直ちゃんとよくドライブに行きます。選手が一生懸命走っている姿を見掛けたこともあるんです。
ああ、うれしい。

22日

年賀状を30枚買いました。いただく年賀状に「もう年取って書けんから来年から出すのをやめます」って書いてあるのが増えてね。そんなのを読むたび、でもこうやって書きようてじゃない、まだ書けるじゃんって寂しく思うの。

私は「元気出しましょうね」って書きます。

2021年2月

先々の楽しみが張り合い

1日

毎日忙しく動いているので、台所のカレンダーに予定を書き込んでいます。カレンダーを眺めると、そこで会える友達の顔が思い浮かびます。**先々の楽しみを用意して、きょうを元気に迎えるというわけです。**

毎週月曜は「仲よしクラブ」の集まりがあります。地区のおばあさんたちが大正琴を練習するんです。レパートリーは40曲ほどですかな。「荒城の月」を弾きましょうか。ええ音色でしょう。

でもね、練習なんてそっちのけの日も多いんでございます。ストーブを囲んでおしゃべりして、笑うて。これが楽しみなんです。ギャーギャーとおしゃべりした後はみんな意気揚々と帰るんです。

仲よしクラブは1973年に誕生しました。50年の歴史がある、とても大切な会なんです。

仲よしクラブが生まれたきっかけは、農家のしゅうとめたちが、ぼんやりと田んぼの畦に座り込むようになったことでした。その頃農機具が急速に普及し、孫の世話も幼稚園に任せるようになって、空いた時間をどう過ごせばいいか途方に暮れていたんですね。

そこで「みんなで集まりましょうや」となりました。まだ現役の教員だった私がタクトを振って、「ぽっぽっぽー　はとぽっぽー」と歌声を合わせ、おのおのがフライパンやら箱やらを棒でたたき、リズムに乗って大合唱してね。時には男性も加わって、フォークダンスを楽しみました。女性たちはちょっとおめかしして、みんなで大笑いして、遅い遅い青春のようでした。

発足当時のメンバーは、私よりも年上の明治生まれの女性たち。小さい頃から子守じゃ、草取りじゃと働きづめで自分のための時間なんかなかったじゃろう思います。**仲よしクラブは私らにとって、ちょっとした革命でした。**

当時は私も毎日大急ぎで職場から帰り、日暮れまで畑仕事をしていました。農家の嫁としての役割を果たそうと必死でしたが、今は誰にも気兼ねせんと、自由を謳歌してるんでございます。

お昼には、姪の直ちゃんと近くの店にラーメンを食べに行きました。尾道ラーメンは大好物です。何年か前にここで相席した人と話が盛り上がってね。その人のお母さんも私と同じ上下町の出身じゃそうでなあ。今も年末になったら餅を送ってきてくれるん。**ようしゃべるからすぐ仲良うなるんですね。**

2日

節分です。年と同じだけ豆を数えてみたらぎょうさんありました。わお、両手にいっぱい。100歳ということを思い知らされました。

この豆の粒が一年一年だと思うと、いとおしゅうなります。

9日

うちの台所は土間だから誰でも靴のまま気安く入ってもらえます。近所の人たちとは、ここに椅子を並べておしゃべりするの。父が80年前に作ってくれたミシン用の椅子もあります。

これはね、お嫁に来る時、大切に持ってきた椅子なんです。ミシンは壊れてしもうたが、椅子は踏み台にしたり茶飲み椅子にしたり今でも現役です。

父の形見じゃけん捨てられんのです。

10日

水曜日はデイサービスの日です。通い始めてまだ8カ月ほど。他の皆さんは

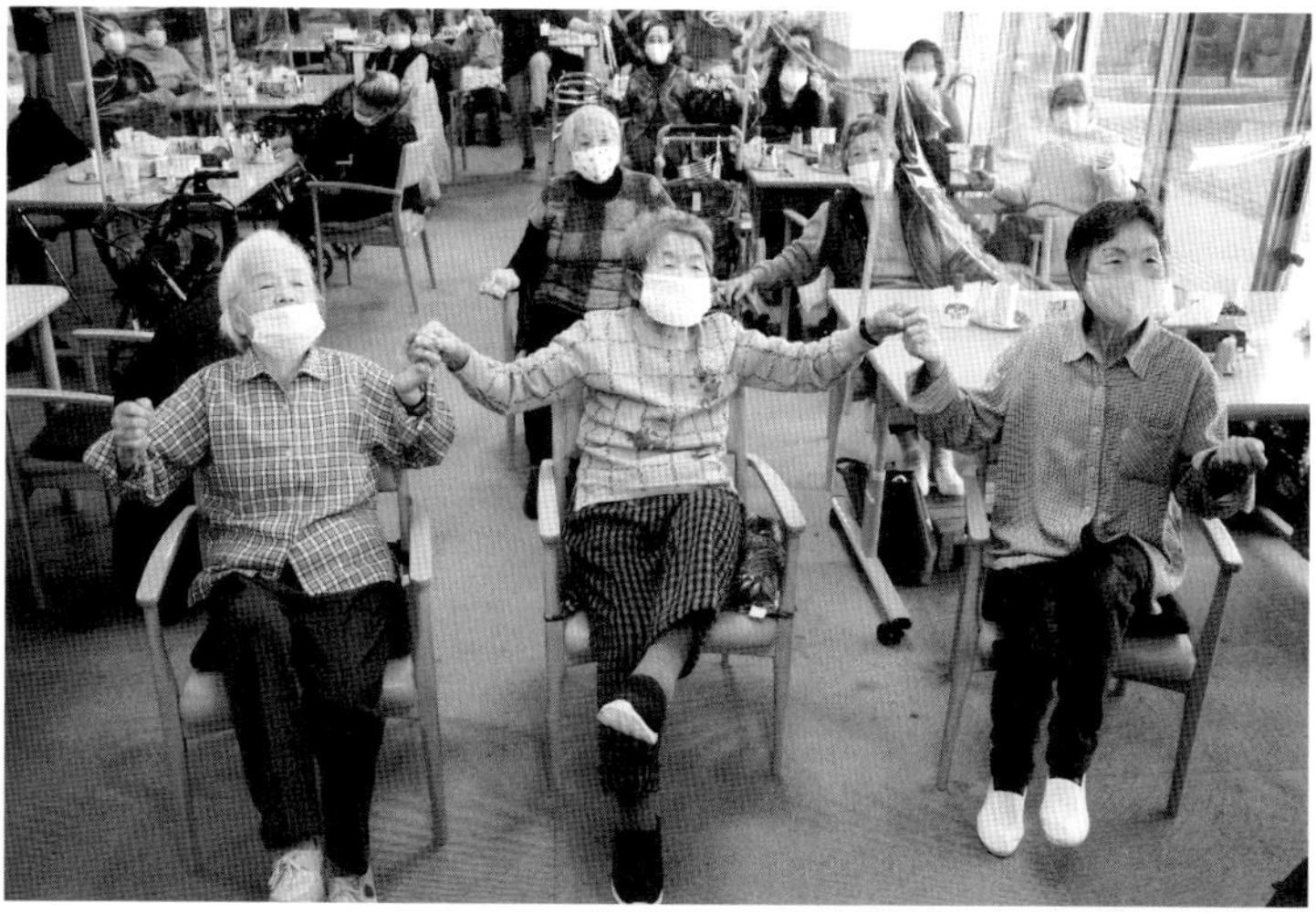

私より若いんじゃろうけど、私は新入りです。**朝は「おはよう、おはよう」ってみんなにあいさつして、歌も人一倍大きな声で歌うん。体操も思い切りやっとります。**皆さんが笑顔で応えてくれるとうれしいです。

ここではお風呂も楽しみです。去年までは家で五右衛門風呂を薪で沸かして入っていたんですが、今はここで入浴させてもらいます。シュワシュワ出る泡が気持ちええんです。

15日

洗濯は一日おきにします。夏に洗濯機を全自動のに買い替えました。

なかなか使いこなせんで情けのうなります。直ちゃんは「ボタンを二つ押すだけよ」って言うけど、ボタンを押してもすぐに動かんから待てずに他のボタンをあちこち押すでしょう。結局「洗濯できんのじゃけど」って直ちゃんに電話して来てもらうの。そんなことが2カ月ほど続きましたかな。

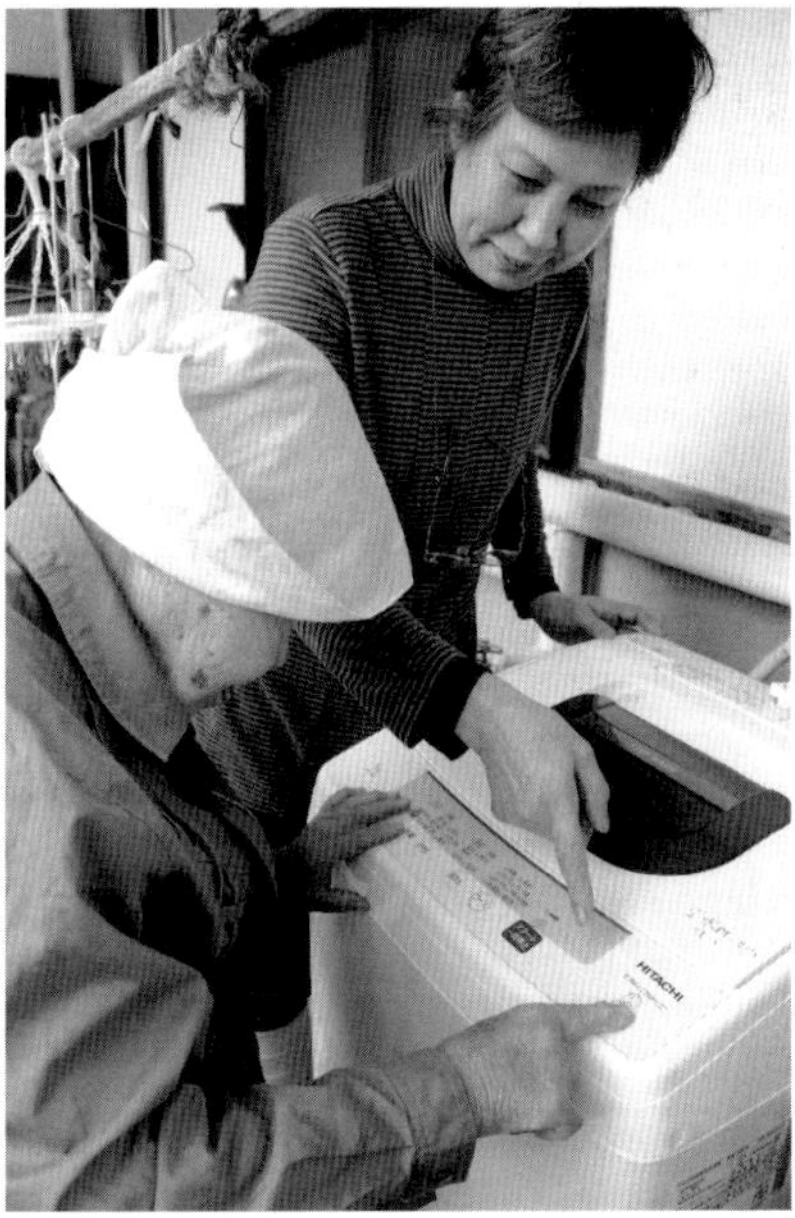

16日

大通寺さんで集いがあって午前と午後の2回、お参りしました。お寺に行けば顔見知りばかりです。皆さんと声を合わせて正信偈《しょうしんげ》を唱えると気持ちに張りが出ます。

2021年3月
こうして100年生きてきました

わおわお！　驚くことが起きました。3月15日、尾道市の教育委員会が開催した「100歳を生きる智恵」講演会の講師に招かれたのです。

控室では少しドキドキしましたが、いざ本番になると緊張も吹き飛びました。

講演は「瀬戸の花嫁」の大合唱でス

講演で参加者と歌声を合わせる
哲代おばあちゃん

タート。「皆さん、大きい声で歌うてくれますか」と声をかけ、大きな紙に書いた歌詞カードを掲げ、大正琴で伴奏しました。

それにしても、講演なんてえらそげですな。えっちらおっちら生きとるおばあさんのありのまんまをお話しするだけです。どうすりゃあ毎日自分を楽しませながら上手に生きていけるか。それしかありません。講演でも少しお話しさせてもろうたのは次の五つのことです。

生き方上手になる五つの心得

一、物事は表裏一体。良いほうに考える

物事には必ず表と裏があります。ほら、おばあさんの手を見てごらんなさい。**手の甲はしわしわですが、ひっくり返せばつるつるです**。一方向から見るだけでは分かりません。例えば受験に失敗して本命じゃない学校に行ったとしても、そこで生涯の友に出会えるかもしれんでしょう。**失敗もひっくり返して、良いほうに考えるんです**。失敗にとらわれてばかりじゃ劣等感に包まれて人生が曲

一、物事は表裏一体。良いほうに考える

手の甲はしわしわでも、ひっくり返せばつるつるでしょう

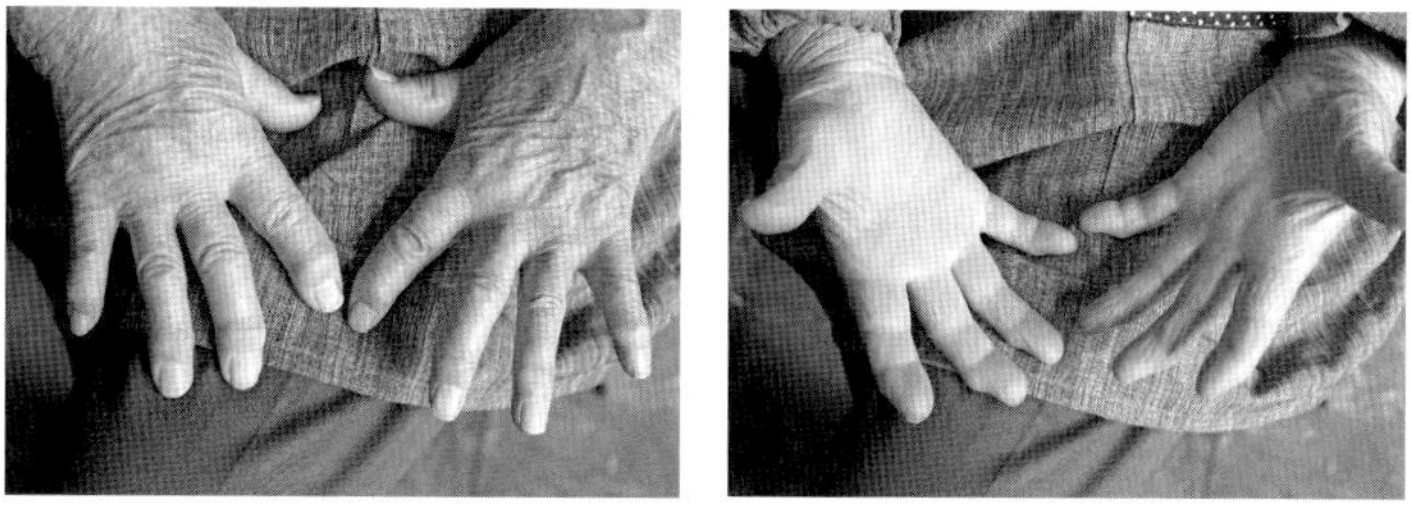

がってしまう。人間がこもう（小さく）なってしまいます。失敗は通過点で、いくらでもやり直せる。あれは成功じゃったと思える日がきっときます。

二、喜びの表現は大きく

うれしいな、ありがとうという気持ちを相手に伝えようと思えば自然にオーバーアクションになります。普段、姪の直ちゃんがおかずを差し入れてくれたり、ご近所さんがお掃除を手伝ってくれたりすることも多いんです。一人の寂しさを知ってるからでしょうかなあ。本当にありがたい。いつも「わおわお」って大喜びしています。

年寄りが機嫌を悪うして怒りっぽくなるの

二、喜びの表現は大きく

「ありがとう」はオーバーアクションで

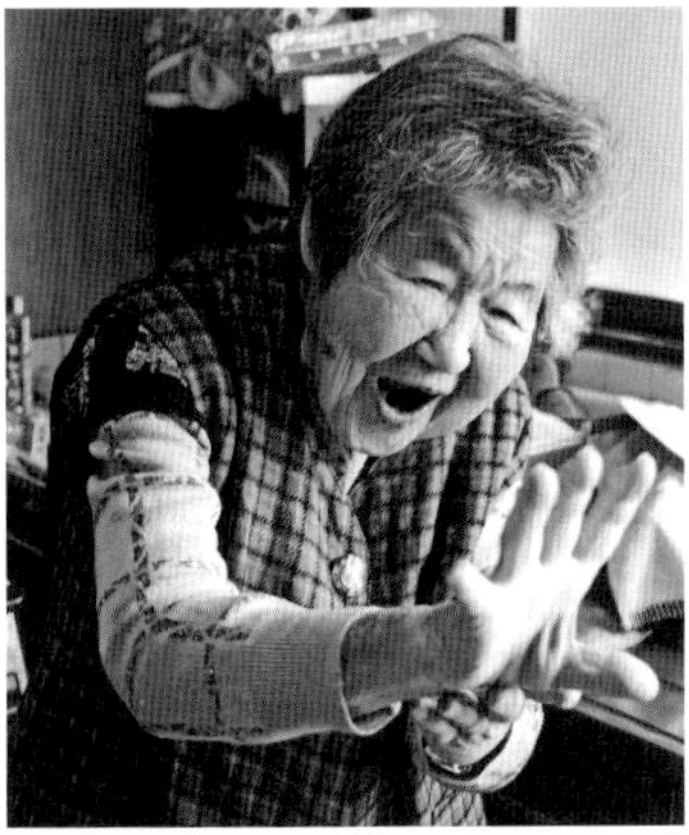

はいけんと思います。年寄りは若い人の見本にならんといけん。**ああ、老いても楽しそうだなあって思ってもらえるよう、にこやかに。**社会のムードメーカーっていうんでしょうか。同じ一生じゃから縮こまったりうつむいたりせず、伸びやかに過ごしたいです。

三、人をよく見て知ろうとする

教師時代、小学5年生の担任をしていた時、算数の時間になると落ち着きがなくなる男の子がおったの。様子を見ていたらどうも九九でつまずいてることに気付いてね。「九九が分からんのじゃね」って声を掛けたら、その子が泣きだしたん。情けない気持ちと、助かったっていう思いが入り交じったような泣き顔で。その子に九九を教えると夢中で勉強するようになりました。うれしかったなあ。

相手のことを知ろうとする、観察するいうのは教師時代からの癖ですかなあ。**元気ないなとか、少し痩せちゃったかねとか、ちょっとした変化に気付くことは大人同士のつきあいでも大事なことじゃと思います。**声掛けの内容によって相手の反応も変わる。この人、私のことをよう見てくれてるなあと思うたら、安心して自分をさらけ出してくれるようになるんです。

三、人をよく見て知ろうとする

子どもたちに教えられました

四、マイナス感情　笑いに変換

食べるものが「ない」とか、お金が「ない」とか否定の言葉を使う時、語尾に「ナイチンゲール」を付けます。**「お金がナイチンゲールでございます」**ってな感じです。そうしたら皆さん、クスッと笑うてくれる。**同じ「ない」でも笑いに変えると気持ちがええの。**「ないない」ばかりじゃ気分が沈むから言いたくないんです。心の落ち込みは魔物です。落ち込みそうになったら早めに自分を助けてあげんといけんのです。

四、マイナス感情　笑いに変換

「ない、ない」ばかりじゃつまりません

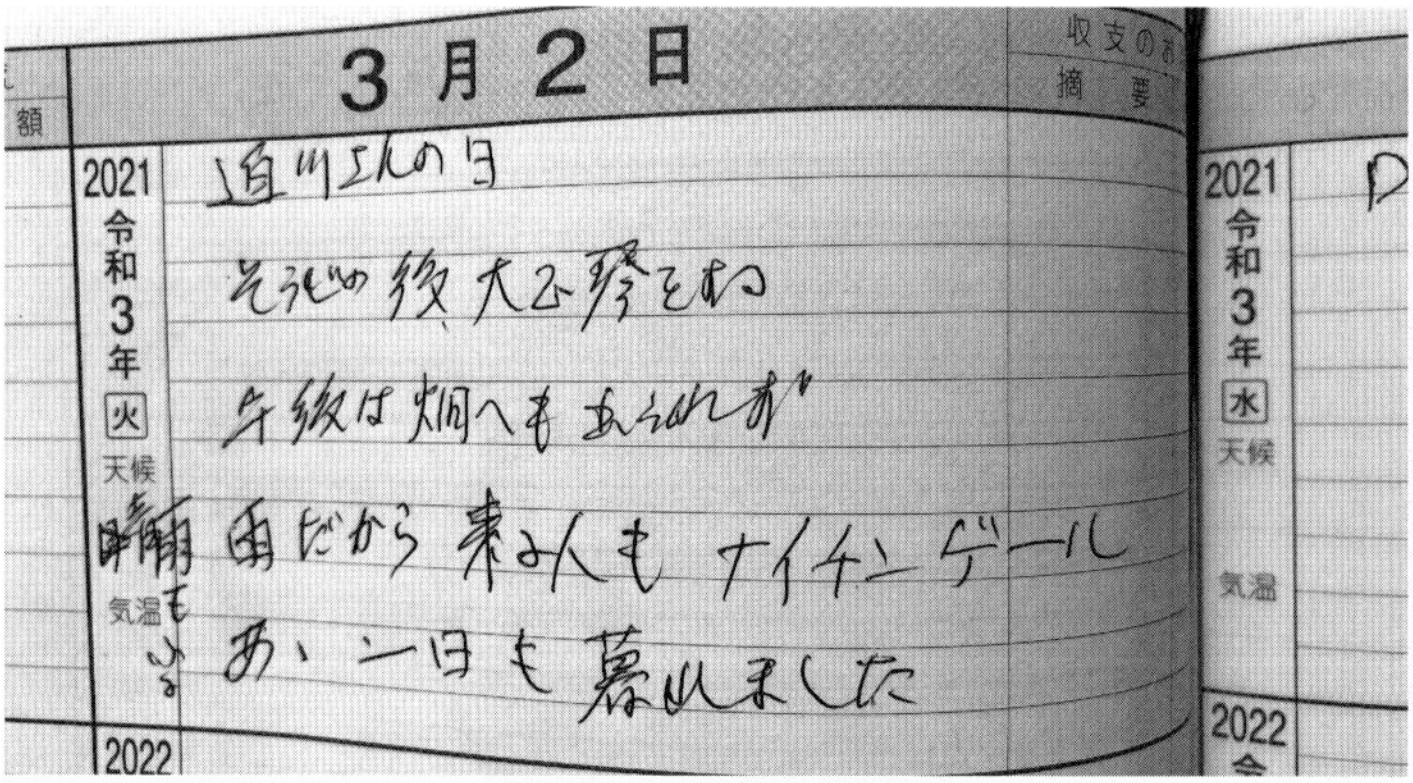

五、手本になる先輩を見つける

知らず知らずのうちに、しゅうとめさんのまねをしている自分がおります。暇を見つけては庭や畑の草を取り、いつもきれいにしとっちゃった。毎晩、仏さんに大きな声でお経をあげるのも、しゅうとめさんから引き継いだことです。

26歳でお嫁にきました。その頃、しゅうとめさんは薪を背負って町へ売りに出よっちゃった。売ったお金で、まだ珍しかったソーセージを買うてきてくれてね。学校勤めをする私ら夫婦の弁当のおかずにって。陽気で働き者のところも、ちょっとした心遣いも、いつもやってみせてくれました。**皆さんも、手本になるような先輩を探してみたらええです。まねをしながら、体に染み込ませていけたらもうけものです。**

五、手本になる先輩を見つける

まねっこしていたら間違いありません

2021年4月
同じことを繰り返す幸せ

1日

ご近所さんを誘って三《み》次《よし》市の三《み》和《わ》町《ちょう》までお花見に行きました。ちょうど満開で川土手にずらっと咲いとりました。千本桜っていうんだそうです。**100年生きてきてこんな見事な桜は初めて。**わおー、わおーと声が出ました。

ご近所さんとはいつも直ちゃんの運転で

あちこちドライブに行くんです。世羅の道の駅にも寄って買い物して、ええ一日でした。

2日

朝から草抜き。背の高いコスモスがたくさん咲いた畑に、今年はサツマイモを植えたいの。考えていたら草を取る手も軽くなります。秋には焼き芋をしていただきましょう。

5日

―入院―

急に足が痛みだしたからすぐ直ちゃんに病院（尾道市の公立みつぎ総合病院）に連れて行ってもらったんです。「下腿蜂巣炎《かたいほうそうえん》」

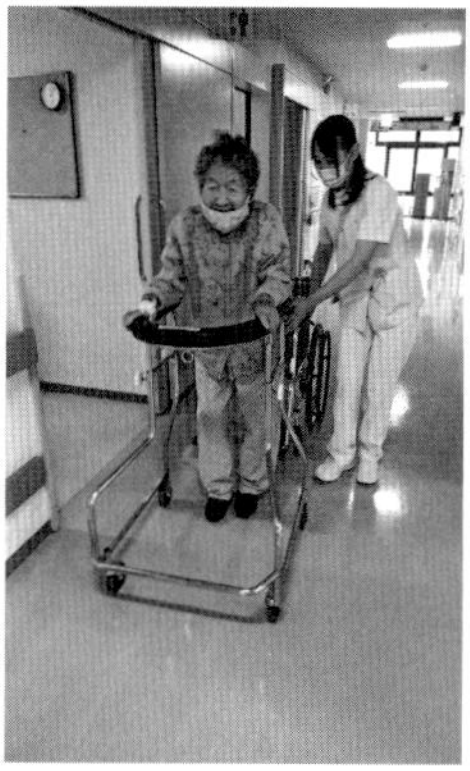
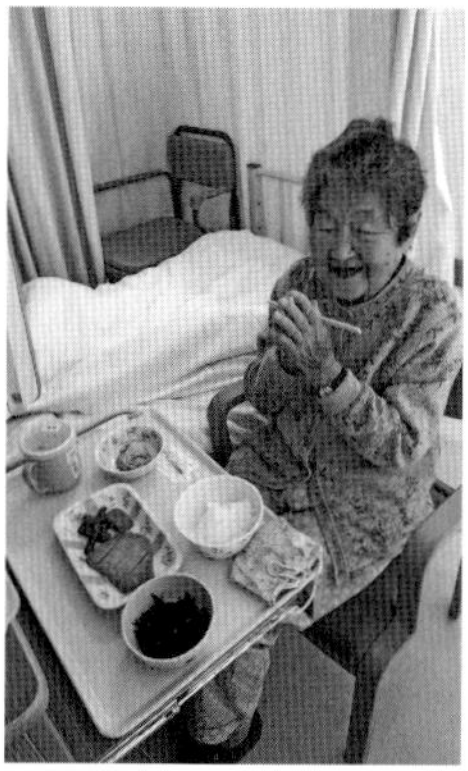
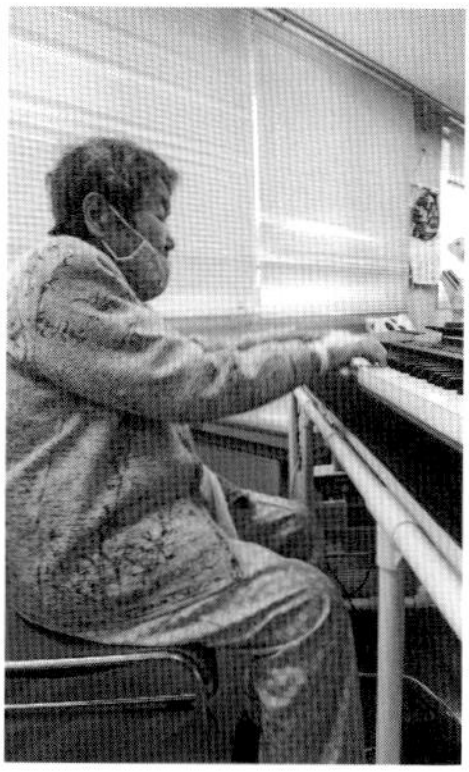

という皮膚の感染症だそうで、両足のすねが赤く腫れてピリピリ、ジンジンして歩けんの。とにかく痛いのを早う取ってもらわんといけません。

16日

痛みはもうほとんどありません。そうなると畑の草が気になって、早う帰りたいばっかりです。現金なもんです。寝てばかりじゃ体がなまるし気もめいる。帰ったらすぐ畑に出られるよう準備しとかんといけんと思うとります。**早う退院して元の生活に戻りたいから、ええ子してリハビリをやっとるんでございます。**歩いたり頭の体操をしたり、リハビリはものすごい気分転換になります。

この前、リハビリ室でピアノを弾きました。小学校の先生をしよった時に弾いていた「めだかの学校」や「チューリップ」です。簡単な曲じゃけど、ピアノの伴奏があったら歌う人も精が出るでしょう。その場にいた患者さんたちが歌ってくれて楽しくやりました。

17日

コロナで病院は面会禁止でしょう。じゃから携帯電話が外とつながる唯一の頼みの綱です。普段はいつも充電切れで放ったらかしじゃったけど、入院中は直ちゃんたちに電話かけたりかかってきたり、よう使うとります。ベッドの上ですが食欲はいつも通り旺盛です。出されたものを残さず平らげるだけ。**よく食べよく寝てよくしゃべるのが特技です**。

20日

——退院——

弥生さん（坂永弥生さん。68歳。府中市上下町に住む姪。哲代おばあちゃん

の弟の娘）が迎えに来てくれて無事退院しました。
家に戻ると周囲の景色がちぃと変わっとるの。山の緑は濃くなって田植えの準備も始まっています。早速、落ち葉の庭を掃き清め、仏壇の扉を開いて夫の良英さんに「戻りゃんした」ってあいさつもしましたで。やっぱりここに帰ってこんといけん。
毎日、同じようなことの繰り返しじゃけど、それがどれだけ幸せなんかが分かります。１０１歳を前に、また一つ勉強しました。

23日

―再入院―

また足が痛い気がして。弱気の虫が出たのかもしれんなあ。大事をとってのことでございます。

取材記者のまなざし①

楽しかったお花見から4日後のことだった。入院したとの直ちゃんからのメールに、まさかと思った。「順調にいけば2週間程度で退院できる」というが、大丈夫だろうか。

コロナ禍の感染予防対策で面会はできない。哲代おばあちゃんの様子が知りたかった。元気なのか、食欲はあるのか。9日、病院の計らいで2階の窓越しに顔を見ることができた。「てつよさーん」と呼ぶと、身を乗り出してにっと笑った。そして、両手で大きな丸を作って私たちを安心させようとした。

今月は休載も考えた。でも、こうした突然の変化を哲代おばあちゃんがどう

受け入れ、向き合うかを伝えたかった。入院中の哲代おばあちゃんの写真を撮ってほしいと病院にお願いしたところ、快く応じてくれた。今回は、理学療法士が撮影したリハビリや食事前の写真を掲載させていただいた。

哲代おばあちゃんはやっぱり前向きだった。電話口で「早う家に帰ります」と繰り返した。病院のスタッフに励まされ、リハビリを頑張る様子も伝わってきた。

ただ入院の後半、哲代おばあちゃんの口調が少し強くなった日があった。眠りから覚めると、朝か夕方かが分からないことがあるという。「地に足を着けて考えんといけん」と自分を叱るように言った。

20日、ほぼ2週間で哲代おばあちゃんは退院した。その様子を取材し、動画にも収めた。ところが23日夜、自宅の黒電話にかけても出てくれない。携帯電話にかけてみるとつながった。ばつの悪そうな小さな声で「いま、病院でございます」と言う。少し足が痛いような気がして、念のための再入院なのだと教えてくれた。

心細さもあるのかもしれない。100歳の哲代おばあちゃんにとって一人暮らしは当たり前の日常ではない。毎日、布団の上げ下ろしをして「よし、きょうも大丈夫」と自分の気力と体力を確かめてきた。相当な覚悟でもって大切に積み重ねてきた日々なのだ。

「ごめんねえ、心配かけて」と哲代おばあちゃんがつぶやく。こちらこそごめんね、早く元気になってと急がせてしまったのかもしれないね――。今度はゆっくり、少しずつ元気を取り戻してほしい。

4月29日、哲代おばあちゃんは101歳の誕生日を迎える。

2021年5月

「機嫌よく」は自分次第

24日

皆さんにご心配掛けましたが、無事退院しました。今は実家（府中市上下町）の近くに住む姪の弥生さんの家でお世話になっています。しばらく弥生さんのところで畑の草取りをしたり、幸《こう》ちゃん（弥生さんの孫の幸之介さん。8歳）と遊んだり、生活のリハビリをしてまた一人暮らしに戻ろうと思うとります。

実は、この1カ月は非常に心が揺れとったん。弱気の虫が出とりました。だって2回も入院して、周りにひどう迷惑を掛けてしもうた。心の落ち込みは魔物と分かっとっても、がっくりきてねえ。このたびは施設に入るという選択が頭から離れなんだ。

本当のところは、まずは家に帰りたい。一人暮らしもまだ何とかなると思うてます。でも自分の好きに生きることに執着したら、みんなに迷惑ばかり掛けてしまう。じゃから一人暮らしは諦めて施設に入ろうと思うたんです。そうしたら弥生さんが**「大丈夫よ、サポートするよ」**って言ってくれて。その言葉がありがたくて、真っすぐ受け取らせてもらいました。

心がぱあっと晴れてねえ。そうなると家に帰って畑を耕したい気持ちがはやるんです。**不思議なもんで、まだ一人で頑張れるって体が教えてくれ**

幸ちゃんとグータッチ

るんですね。

これまで何の変哲もない毎日を送ってきましたが、それがどれだけ難しくて尊いことか。入院してあらためて思いましたよ。諸行無常《しょぎょうむじょう》というように体の状態も変わっていくし、それに合わせて住む環境も変えていかんといけん。私はすぐに弱気の虫にやられてしまうんですが、前向きに変化を受け入れ、柔らこう対応できる自分でありたいものです。まだまだ鍛え方が足りませんなあ。

知らん間に100歳になって……**え、もう101歳か**。**わおー、わおーでございます**。私ね、100歳になる年の正月は何とも言えず胸が苦しかったん。年齢が3桁になるでしょう。新しい年の誕生日が来たら100歳になると思うと気が重かった。老いたってことを突き付けられたんでしょうな。たった一晩のことでこうも心がざわつくんじゃろうか。皆さんもじゃろうか。

同じ一生なら機嫌よう生きていかんと損じゃと自分に言い聞かせとります。不機嫌になることは捉え方を変えて受け流す。特にこの10年ほどは穏やかに人の話を聞けるようになりました。早う家に戻ってみんなとおしゃべりしたいで

101歳の誕生日を祝うケーキ

すなあ。直ちゃんのもとには多くの人から心配の電話があるそうで、ありがたいことです。

情けないことも、しんどい思いも全部自分の心です。引きずるのも打ち切るのもやっぱり自分次第ですけんね。**自分の心は自分で育てるしかない**。いくつになっても切磋《せっさ》琢磨《たくま》ですな。

１０１歳じゃのうて、１歳の誕生日を迎えたと思うとります。人生の再出発です。まだまだいけると思うとります。自分で限界を決めたらいけません。何をするのも本気で取り組みますよ。来月、家に帰ったら早うにサツマイモの苗を植えんといけませんな。

外に出たら必ず足踏み運動

弥生さんのまなざし

私は伯母をそばで見てきて、その生き方を尊敬しています。以前、伯母が近所の方々とつくった仲よしクラブにお邪魔した時、集会所の壁に紙が張り出されていました。そこには亡くなった仲間やその家族の名前がずらっと並んでいて。聞くと、年に一度みんなでお経を唱え、思い出を語り合う会をしていたんです。伯母がどれだけ地域の人を大切にして生きてきたかを知りました。

姪の弥生さんと

伯母の家にはいつも近所の人や教え子たちが集まっています。人が気安く出入りできる家っていいですよね。地域の皆さんに囲まれて暮らせるのは幸せなことです。伯母の思いを尊重したいし、今まで通りやってほしいと心から思うんです。義理の両親を介護した経験からも、伯母にはまだ一人で暮らす力が十分あると思う。大丈夫。いま施設に入るのはもったいない。

これから先、「もう無理」となればうちにくればいいし、施設に入るのもいいと思うんです。

直ちゃんのまなざし

哲代叔母はとにかく聞き上手。いくつになっても好奇心が旺盛で、あれこれ聞きまくる。入院前のことですが、うちの裏庭で見つけたオオムラサキの幼虫を叔母に見せたら質問攻めにあいました。そうやって誰とでも会話が盛り上がるんですよね。

もちろん悩みもあると思います。叔母には子どもがいないから、命ある限り、自分のことは自分でしなきゃと強く思っている。だから老いることへの覚悟が人とは大きく違うんですね。生きていきやすいように、自分をいつも上機嫌にしています。私も見習いたい。お手本のような人です。

直ちゃんと

2021年6月
一人暮らしの日々をいとおしむ

1日

療養のためしばらくお世話になっていた弥生さんの家から自宅に戻り、一人暮らしを再開させました。

きょうは竹ぼうきで庭掃除をしました。長いこと家を離れとったでしょう。草と落ち葉で大変なことになっとる。

家に戻るやいなや畑にサツマイモの苗を植えました。朝の味噌汁を作って、電動シニアカー「タッタッタ」で畑に通って……。あれして、これしてと自分をわざと忙しくさせています。というのも、元気な時と同じことを、同じようにやってみたいんです。

体を動かすと、ちゃんとおなかがすく。ようけ眠れる。よしよしいいぞ、この調子。**自分の気力と体力を確かめながら、一人暮らしの日々をいとおしんでいます。**バタンと倒れてもその時はその時。それまでは精いっぱい生きていこうと思うとります。

取材記者のまなざし②

退院したと聞いて、哲代おばあちゃんを訪ねた日。書棚にあった仏教本を何げなくめくってみて、はっと息をのんだ。表紙の裏に、びっしりと哲代おばあちゃんの文字が並んでいた。「御先祖様　すみませんでした　良英さん　すみませんでした」。2年前、99歳の時に書かれた文章だった。

1946年に農家に嫁いだが、亡き夫良英さんとの間に子どもを授かることができなかった。子だくさんが当たり前の時代。後継ぎができないしんどさは、いかばかりだったろう。99歳になった哲代おばあちゃんはあらためて、そのしんどさに直面していた。この家をどうするか、人生をどうしまうか——。頼る子どもがいない哲代おばあちゃんの苦悩が、文面ににじんでいた。先祖や夫にわびることで、この苦しみから逃げ出したいという痛みを読み取った。

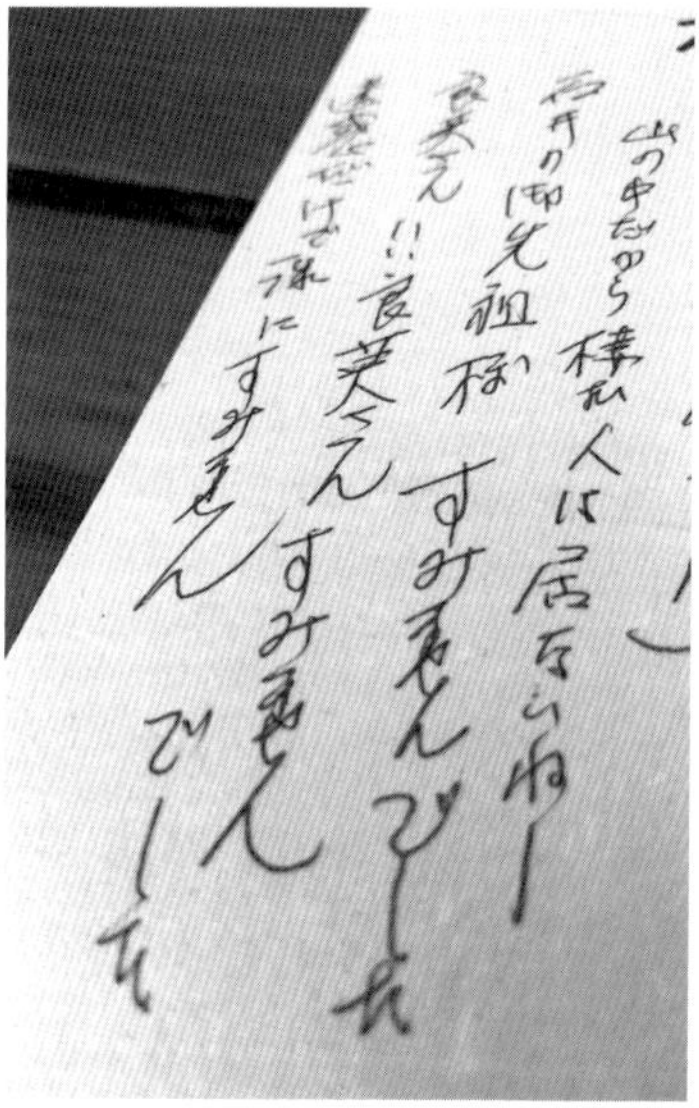

　この人生の「宿題」に、きっと哲代おばあちゃんは逃げずに向き合っていくだろう。そんな一つ一つのプロセスを記録することができたら——。私たちも次の宿題をもらったような気がしたのだった。

　哲代おばあちゃんがつづった胸の内。記事で触れてもいいですかと尋ねたら、「ええですよ」と言う。「**心はお月さんのようなもんです。満月のように輝きたいが、私のは三日月のようにちいと欠けとる。弱いところを見せて、いろんな人に助けてもろうて、満月にしていこう思います**」。また名言が返ってきた。

２０２１年10月

これからは手放しながら

６日

長い間ご無沙汰しておりましたなあ。その間に私、お薬デビューしました。冷蔵庫に張ってあるの見てください。**薬を入れとくカレンダー**。**ええでしょ、これ**。**便利な物があるんでございますなあ**。１０１歳になるまで一つも薬を飲んでこなんだから、弥生さんが飲み忘れんようにって用意してくれちゃったん

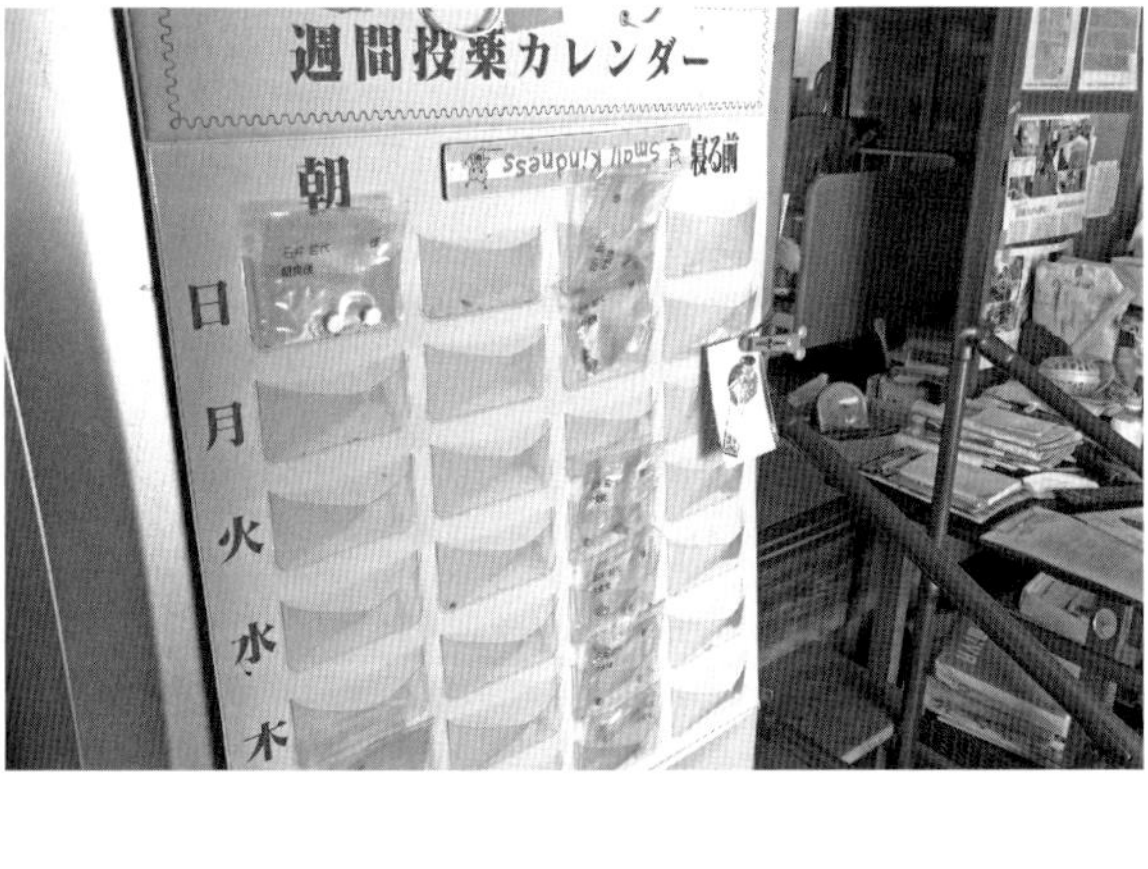

です。何の薬かって？　さあ何じゃったかなあ（**＊注・便秘薬と足の鎮痛薬だそうです**）。

7日

家の前の坂を下りたところに畑があります。きょうはサツマイモを掘りました。さっそく薄う切って、フライパンで焼いて。甘くておいしい。最高です。それと最近、うれしいことがあったんでございます。**畑を一緒にやってくれる相棒ができました。**近所に住む親戚で私と同じく教員をしとったの。私は前から「金丸《かなまる》先生（金丸純一さん。73歳。広島大学附属三原学校園の元副校長）」って呼んでるんですけど、畑のことは初心者で私の弟子じゃと言うて熱心にやってくれとります。ほんまにありがたい。

私もねえ、101歳になって草取りも種や苗の植え付けも一人じゃしんどいと思いよったんです。それが、金丸先生と二人で話しながらやると何てことないから不思議です。気持ちが楽になります。

これからは一人で背負ってきた重い荷物を一つずつ下ろしていけたらええなあと思うんです。

畑を一緒にやってくれる相棒の金丸先生と

10日

まだまだ暑いですなあ。きょうは日陰に移動しながら家の周りの草を取りました。仕事終わりには熱い湯で足を洗うんです。4月に足が腫れて入院したでしょう。またひどうならんように清潔にしとかんといけません。99歳までは薪で風呂の湯を沸かして入っとりました。あれも体がようぬくもってえかったんですけどなあ。今は週2回のデイサービスのお風呂が待ち遠しいんでございます。

12日

テーブルの上には読みかけの本がようけ重ねてあります。晩ご飯の後などに時々開きます。今、読んどりますのは歎異抄《たんにしょう》の本です。**私の心に響く言葉があるんじゃないかと思うて探しながら読んでおります。**

18日

21日は夫の良英さんの命日です。タッタッタに乗って墓掃除に行きました。最近は長いこと立ってられんから、墓の前には椅子代わりの一升瓶ケースを置いていています。きょうは掃除もささっと。仕上げは姪たちに任せましょう。大きな墓じゃから良英さんも「早う来い」って言いよってかなあ。たぶん**「ようしゃべってうるさいけん、まだ来るな」**って言いよりんさるじゃろうなあ。

19日

6月から**配食サービスで晩ご飯のおかずだけ持ってきてもらっとります。毎日ごちそうで申し訳ないくらいです。**

これまでは自分でいりこと菜っ葉を炒めたり、皆さんからお裾分けをいただいたりしておりました。一食分は楽させてもらっとります。

2021年11月

終活も明るくチャーミングに

1日

この写真、誰か分かる？　80歳の頃の私でございます。この時はね、大通寺さんでお葬式があって弔辞を読むっていうので美容院で髪をセットしたの。それで誰かが写真を撮ってくれちゃってね。黒い服も着とるし、**ええ写真じゃから遺影にしようと思うて額に入れたんです**。えへへ。

近頃は生前に用意する人も増えてきましたが、当時は珍しかったと思いますよ。

今よりちいとは若いでしょう。**あれから20年も生きるとは思わなんだねえ**。

でも、この写真はもう使えませんな。葬式に来ちゃった人が「これ誰ねえ?」って言うてじゃわな。

4日

きょうは弥生さんが来てくれました。しょっちゅう様子を見に寄ってはシーツみたいな大物を洗濯したり、あちこち片付けたりしてくれてんです。きょうは弥生さんが来る前に洗濯しました。**できることは自分でやらんとな。**

昼からは買い物に連れて行ってもらいました。がっつり肉を食べとうなってなあ。そうしたら鹿児島牛が

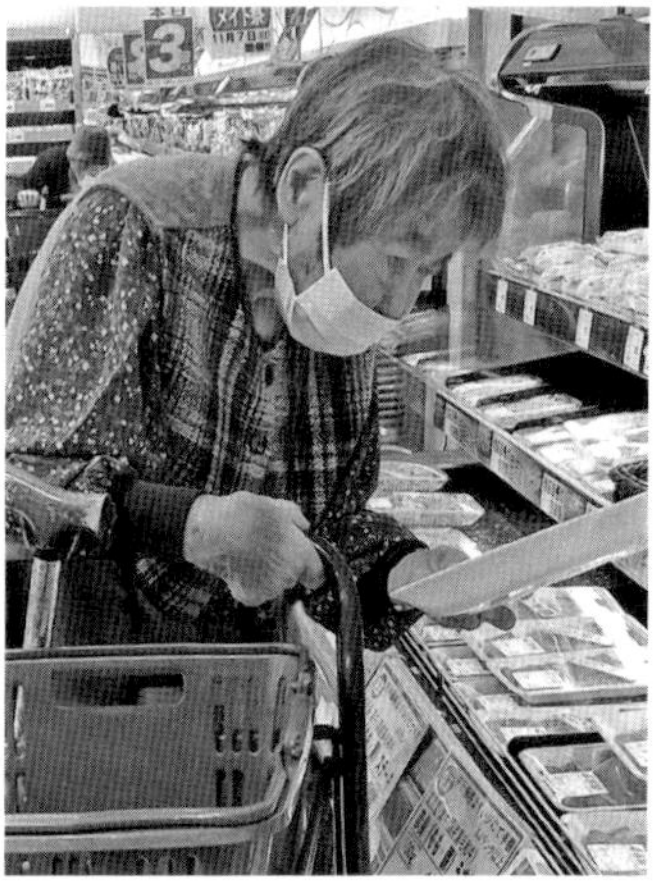

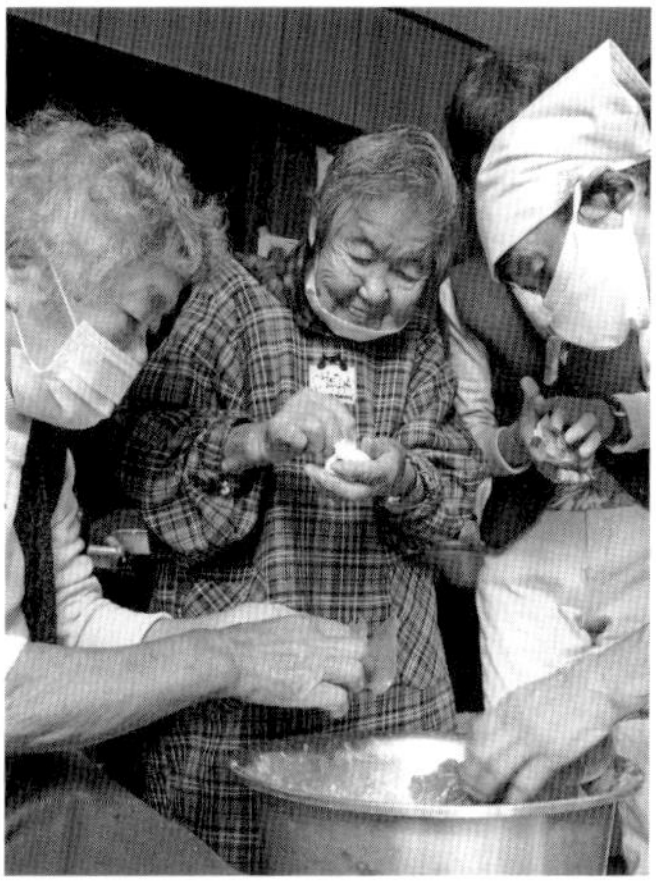

半額になっとったん。**畑に肉はできんから買いましたよ**。あとはメザシ。昔は茶色くなったようなものを食べようたけれど、近頃のはおいしそうなですね。

8日

ご近所のよりちゃん（友人の兼久世利子さん。68歳）や文《ふみ》ちゃん（友人の寺谷文子さん。83歳）がうちに来て一緒に柏餅を作りました。大好物です。庭にええ葉が生えているから、見るたびに食べとうなるん。みんな手が早いからあっという間に出来上がりました。昔は5月5日に柏餅、ひなの節句にはあられを作っていました。そんなおやつが子どもの頃には貴重品でなあ。ほうろくで煎《い》ったあられを紙に包んで、ちょっとずつちょっとずつ食べとりました。

14日

金丸先生と植えたジャガイモがあんまり大きくなっとらんの。金丸先生がひどう心配しとってんですけど、小さくてもジャガイモはジャガイモ。大丈夫です。何年も畑を作りよるけど、うまくいかん時もあります。我流でございますからよう分かりません。**イモも大きゅうなりたい時と、そうでない時があるんでしょう。**

17日

仏壇や棚の引き出しからノートがたくさん出てきました。遺影を撮った頃かなあ、友人や同

級生が相次いで亡くなってね。葬式にもようけ行きました。それで、**自分の葬儀やお寺さんへの対応のことをよくノートに書くようになりました**。毎日調子に乗ってちゃらちゃらしとりますが、夜ひょっとした時に思うんですね。姪たちに心配かけんようにしたいなって。それでその辺にあるノートに書くんでございます。

あちこちに書くもんじゃから何冊にもなってしもうて。え、5冊もありましたか。自分の心配ごとをみんなに投げ出したようですけど、いつか1冊にまとめて姪たちに伝えときたいです。

22日

うちの田の米作りは近所の人に任せておるんですが、今年も新米がとれました。やっぱり味が違います。毎回2合炊いて3、4回に分けて食べとります。ありがたいことに食欲が落ちることがないんでございます。体重ですか？　ずっと変わらず45キロほどですかな。

取材記者のまなざし③

取材にうかがうたびに伝わってくる。ああ、大好きだったんだなあーと。なぜなら哲代おばあちゃんは毎回、必ず一度はこの人の名前を口にするからだ。2003年に亡くなった夫の良英さん。空をちらっと見上げ、哲代おばあちゃんはその姿に思いをはせる。

「よう頑張っとるなあと、褒めてくれとるでしょうて」

最愛の人に見守られているという絶対的な安心感が、哲代おばあちゃんの日々を支えている。

でも、それだけじゃないと最近知った。以前はベッド脇のたんすの引き出しに立ててあった良英さんの写真。それが近頃は、枕にくっつけるように置いてある。

「そばに寄せたのは、やっぱり恋しいから？」と尋ねると、意外にも「そうでもない」と言う。

「良英さんが寂しゅうないように、こっちで思うてあげてるからねって言いよるん」

哲代おばあちゃんは見守る側でもあるのだ。

倶会一処《くえいっしょ》とは、倶《とも》にまた、お浄土で会えるというお釈迦さまの教え。哲代おばあちゃんは、良英さんとの再会シーンを思い描いては私たちに聞かせてくれる。

「しわが増えてしもうたから。気付いてもらえんで素通りされたらどうしよう」

肩を落とし、うつむいてみせる。

「いや、声で分かるかもしれん。大声で歌いながらいこうかしら」

ひとり、くくくと笑う。

つられて、こっちも笑ってしまう。死後の話なのに湿っぽさはなく、むしろ生き生きと想像の翼を広げる哲代おばあちゃん。円熟した人が放つ、穏やかな輝きを感じる。**死は怖いことではなく、生きることの延長にあるのだと教えてくれる**。

「向こうに、ええ人がいたりして」
なんて、時にかわいく嫉妬したりする。5冊の「終活ノート」には書いていないが、**「死に化粧は念入りにしてね」と姪たちに伝えている**という。

2021年12月

仲間とのええ思い出を語り合う

8日

きょうは集会所で近所のおばあさんたちが集まる「仲よしクラブ」がありました。1973年にスタートしたんじゃから、もう長いこと続いとります。きょうは年に一回の「偲《しの》ぶ会」をやりました。

「偲ぶ会」のきっかけは、大切な仲間との突然の別れでした。仲よしクラブのメンバーの一人が1987年、交通事故で亡くなったんです。さよならも、ありがとうも言えてない。みんなで思い出を語り合い、慰め合いました。それが偲ぶ会の始まりです。

それからは、**新たに仲間が亡くなると、包装紙の裏に故人の名前を書いて継ぎ足してきました。**亡くなった仲よしクラブの仲間やらその家族の名前がようけ書いてあるでしょう。毎年書き足して、もう64人です。この紙を張り出して、みんなで大きな声でお経を読むんです。それから、ちょっと豪華な折り詰めを囲んで、ここに書かれとる人たちとの思い出をみんなであれこれ話すの。まあ話は尽きません。

ミヨコさんはね、大正琴が上手じゃった。ピアニストみたいにジャジャジャーンって情感たっぷりに弾き上げるんです。ふふふ、今でも姿が浮かぶようです。亡き人のしぐさをまねて、宝箱から大切な記憶を一つ一つ取り出すように、個々のエピソードを皆で語り合い、「目に見えるようじゃなあ」と盛り上がります。少し場が静まると、「声が聞きたいねえ」と誰かがつぶやきました。

人は死んだら終わりじゃない。みんなの心が覚えとりますから。同じ地域で同じ時間を過ごした仲間が、あなたのことをちゃんと覚えていると伝えたいんです。思い出すことは、その人が生きた証《あか》しですから。

一人が一度に背負う悲しみには限

界があります。だから仲間が一緒に引き受けて、一人の深い憂《うれ》いに寄り添うの。偲ぶ会は連帯して悲しみに立ち向かい、乗り越えていくための会なんです。

昼からは自宅に尾道市役所の職員さんが来ちゃって、成人式で流すビデオレターを撮りんさったんです。先週に続いて2回目の撮影ですが、新成人へのメッセージだそうです。**はたち。ええ響きですね。**はるか昔ですが私にもそんな頃がありました。

9日

金丸先生とジャガイモを掘りました。大きゅうならんと心配しとりましたが大丈夫でした。掘ったイモは、大きいのと小さいのを分けて袋に入れとくんです。先に食べるのは皮をむくんが面倒な小さいのから。そうせんと小さいのばかり残ってしもうて、しまいには食べとうなくなる。**全部無駄なく食べんと気が済まんの。貧乏性でございます。**

13日

寒うなったからもうストーブを出しとります。灯油をタンクいっぱい入れました。ちぃと重いけど**これも運動じゃと思うたら苦になりません。**

16日

直ちゃんが小鍋にカレーを分けて持って来てくれました。久しぶりのカレーです。これがええ味でね。体がぽかぽかしてきました。

20日

正月にはちいと早いけど「からうま」をこしらえました。子どもの頃からおせちには欠かせん料理です。あら、聞いたことない？　ゴボウといりこを甘辛

く炒めるの。早う言えばきんぴらごぼうなんじゃけどね。唐辛子も入れて辛くてうまいんです。いりこは指で細かくさいて入れるん。栄養もええし、私はこれが好きでなあ。昔はゴボウも家で作りよりました。ジャガイモと同じように、小さいのがどうしても残るの。捨てられんから、年末にからうまを山ほど作って使い切っとりました。

え、料理上手ですねって？　ハイカラなもんはようしませんが。**若い頃は新聞や雑誌に載っている料理のレシピを切り抜いてはノートに貼っていました。**黒豆の作り方だけでも、ようけありますよ。

昼前に直ちゃんがケーキを持ってきてくれました。お友達が焼いてくれたそうで、直ちゃんがクリームで仕上げたんじゃそうな。見事じゃから食べるのがもったいない。仲よしクラブの皆さんといただこうと思いますが、このクリーム、ちょっと味見したいですねえ。

新聞読者の皆さんから
お便りがたくさん
届きました。
この年で多くの
出会いをいただいて、
何て幸せ者でしょう。

第二章　教えて！　哲代おばあちゃん

哲代おばあちゃんの暮らしぶりを連載していた「中国新聞」の読者から寄せられた質問に本人が答えます。幼い日々の思い出話もふんだんに出てきました。哲代おばあちゃんの人生の物語をたどるようです。

Q　2022年の抱負を漢字一文字で表現すると何ですか？

筆で書くんでございますか。わおーわおー。なんか恥ずかしいですなぁ。「笑」という字にしようかしら。一昨年、昨年と春に数週間入院しましたから、元気な一年にしたいですね。**みんなと仲良く笑って過ごしたい。それだけを願っています**。

お習字は久しぶりです。こんな毛先のきれいなええ筆で書かしてもろうて。子どもの頃は「ごんぼう筆」って言うて、使い古して先が丸うなった筆を持って学校に行っとりました。そんなだから上手になるはずもないです。とかなんとか言い訳したりして。へへへ。それでも書くことは好きです。

今年も年賀状をようけ出しました。**年に一度、「生きとりますで」の生存確認でございます**。

「今年もみんなと笑っていたい」との願いを込めて

Q　心に残っている本は何ですか？

「幼年倶楽部」という雑誌が講談社から出ていてね。小学生の頃は毎月買うてもろうてました。**筆も筆入れも何でもお古ばかり使っていましたが、父は本だけは買ってくれたの**。一冊45銭じゃったかな。50銭もろうておつりの5銭は小遣いになるんです。それを新聞紙に包んで大事にためておりました。

あとは九つ上の兄が下宿先から帰るたびに買ってきてくれる土産の本も楽しみでした。『ロビンソン・クルーソー』は特に好きで覚えるほど何度も繰り返し読んどりました。家の手伝いもそっちのけで読書に没頭するから、よく父に叱られましたね。それでも隠れて読むんでございます。**一冊の本を与えられて大人になったような気もしてなあ**。それで本好きになったんかもしれません。その後は吉川英治の『宮本武蔵』とか歴史小説をよく読みました。

哲代おばあちゃんの自宅の本棚。吉川英治の歴史小説や教育に関する本、
仏教本など、さまざまなジャンルが並ぶ

Q　愛という言葉で思い浮かべることは何ですか？

父の金剛平さん、母のチカさん

一番は親、次が旦那になりますね。うちは貧乏していましたから、小さい時から家の手伝いばかりしておりましたけど、ひとつも苦と思わなんだ。父は金剛平《こんごうへい》、母はチカといいます。両親の姿を今も時々思い浮かべます。

二人とも、自分の写真が本に載るなんて、思いもせんかったろうなあ。

一生懸命働き、大切に育ててくれました。

両親に愛されて暮らした時間はかけがえのないものです。

Q　哲代さんの名前の由来は何ですか？

私の旧姓は小川といいます。画数は6画でしょう。実家の辺りでは、姓より名前の画数が少ないほうがいい人生を送るという迷信があり、父は悩んだそうです。6画より少ない画数で名を付けるのは難しいですからね。でもね、10画はゼロ画と数えてもいいそうで、10画の「哲」に5画の「代」を付けたらしいです。

私を入れてきょうだいは4人。兄は剛民《たけと》、弟の悟示《さとし》、妹の桃代です。みんな名前の一文字目に10画の漢字がくるんです。

哲代という名は、ごつくて強そうなイメージでしょう。手紙などで時々間違えられて、「鉄代」と書かれることもあって、もっと強そうになるんでございます。でも父がいい名前と言うんだから間違いございません。**101年付き合ってきて、今はしっくりきております。**

Q 今、会いたい人は誰ですか？

お笑いのアンガールズの田中卓志さんと話してみたいですね。私が小学校の教師になって初めて赴任したのは上下町《じょうげちょう》（現・府中市上下町）の吉野尋常高等小学校です。その小学校区に田中さんのご実家があるそうで、なんだか親しみを感じております。同郷ですけえな。ギャグはどんなのかよう知らんのですけど。

テレビによう出とってですね。田中さんがあっちこっち行く番組はなんですかね。はあ、「元就。」（RCC）っていう番組じゃったんですか。**テレビで見るたびに応援したいなと思うんでございます。**

Q 何色が好きですか？

紫でございます。こう見えても足が速くて小学校のかけっこでは常に一番でした。当時は周辺の小学校5、6校の選手が集まって学校対抗の運動会があったんです。私が通った上下尋常高等小学校のカラーは紫。**選手はリレーに紫の鉢巻きを巻いて出場するんですが、それが誇らしくて本当にうれしかった。**

私はいつも第一走者かアンカーでした。勉強はちいと苦手でしたが、かけっこは誰にも負けません。

エプロンや手拭い、座布団など好きな紫を選んで暮らしを彩る

Q　毎日の楽しみは何ですか？

やっぱり食べることですなあ。底冷えする今の時季は汁物がいいですね。今朝もたっぷりの大根と餅3個入れて雑煮をこしらえました。え、3個は多いですか？　本気を出したら6個はいけます。**100歳過ぎてもしっかりおなかがすくんでございます**。餅は大好物ですが、食べすぎんように気を付けています。

歯は60代から入れ歯です。ありがたいことに何でも食べられる。これまで不具合を感じたことはないんです。いいのを作ってもらいました。私の口に合ってるんですね。

餅は大好物の一つ。お昼ご飯にいただくことも

Q 哲代おばあちゃんのファンの女子高生です。いま、17歳だったら何をしたいですか？

え、17歳の若者から？　わおーわおー、うれしいなあ。そうですねえ、私が17歳の頃は師範学校の2年生でした。田舎から出て寄宿舎に入り、周りは知らん人ばかり。気を張って学校の先生になるという目標に向かって一生懸命でしたね。**特にオルガンは、ようけ練習しました。それまで弾き方を教わったことはなく、見よう見まねですよ。**

毎週「検閲（テスト）」があってみんなの前で弾くんです。学校にはオルガンが何十台もあるんですが、練習に使うには順番や時間が決まっとるん。ちぃとでも練習して前に進みたいから、空いてるオルガンを探しては一人で特訓しとりました。**あの頃は、やった分だけ目に見えて伸びるんです。その一つ一つが自信に変わっていくようでしたなあ。**

17歳に戻れるなら、やっぱりオルガンをもう一度本気でやりたいね。当時はしんどかったけど、今振り返れば楽しい時間でした。

今ね、弥生さんのうちには電子ピアノがあるから弾かしてもろうてます。楽譜もこんなにあるん。きょうは「千の風になって」やら「上を向いて歩こう」を弾いてみましょうか。

電子ピアノを弾きながら声高らかに歌う哲代おばあちゃん

Q　好きな歌手はいますか。どんなジャンルの歌が好きですか？

東海林《しょうじ》太郎なんか好きですね。「赤城の子守唄」です。え、知らんのですか。ふらふらせず、気を付けの姿勢で歌うの。そういう真面目なのが好きです。

弟は子どもの頃から声がええって評判で、あちこちの音楽会でよう独唱しとりました。私ですか？　私も野原を舞台に歌っとりましたよ。学校から帰ると七つ下の妹をおぶってお守りをしながら大きな声でねえ。学校の行き帰りも習った歌をよう歌っておりました。

大人になってからはちょっと遠慮気味にやっとります。へへ。**歌は何でも好きです。作詞作曲したこともあるんです**。私が暮らす美《み》ノ郷《ごう》町中野地区の魅力を歌にしました。「中野ソング」っていうんでございます。仲よしクラブのみんなで歌っていました。**歌はいいですね。心を強くしてくれる。情けないことも飛んでいけーですよ**。

Q　好きな季節はいつですか？

その時々でいつの季節もうれしいですね。寒くても暑くても季節ごとの輝きがあります。少しぬくうなったと思ったら雪がちらつく時期があるでしょう。冬が「いにとうない（帰りたくない）」って言いよるんかなと思うと、なんかいとおしい。**こうやって季節が巡り、春を過ごすたび、この春をあと何度味わえるかなあとこの頃は思います。**ちょっと詩人になっとりますか。面白いねえ。心は七変化。私の心もころころ変わるんでございます。

Q　行ってみたい場所はどこですか？

時々、母校の上下尋常高等小学校のイチョウの木を見に行きたくなります。

今の上下北小学校にあります。樹齢は私の年よりも多いんじゃろうなあ。今も幹を太うして校門の近くに立っています。

当時は「ぎんなんの木」と呼んでいました。5年生でかけっこの選手になると、放課後の練習が待ち遠しかった。ぎんなんの木の下に集まって準備運動をしたり、木陰で先生の話を聞いたりするんです。何かにつけて「ぎんなんの木に集合」です。学校のシンボルでしたから。あの木を見ると子どもの頃を思い出します。**何の悩みもなく、毎日がただ楽しかった。**街の様子も校舎も変わってしまいましたが、ぎんなんの木だけは変わらずそこにいてくれとりますね。

上下北小のイチョウの木

9歳の頃の哲代さん

Q　哲代おばあちゃんの一日の過ごし方は？

6時半　たいていこの頃に起きて、まず冷たい井戸水で顔を洗います。それから、仏さんに手を合わせます。ご飯支度は米を2合炊いて、味噌汁をこしらえます。ご飯を炊くのは二日に1回。**すなわち一日1合食べるんです。そんなのぺろりでございますよ**。

7時半　朝食。NHKのニュースや朝の連ドラを見ながらいただきます。それから虫眼鏡を当てて新聞を隅々まで読み、食器を洗ったり洗濯したり家事を済ませます。

10時頃　畑に「出勤」します。

正午　お昼ご飯をいただきます。卵焼きや味付けのり、昆布の佃煮やら、あるものでささっと済ませます。

午後はちいと昼寝をしたり、新聞を読み直したり。それからまた畑へ行きます。**通りがかりの人が、よう声をかけてくれるんがうれしいの。大おしゃべり**

して、何もせんうちに日が暮れることも多いんです。

19時　夕飯をいただきます。宅配のお弁当をいただいたり、姪の直ちゃんやご近所さんが持ってきてくれたご馳走をよばれたりします。お風呂は週2回のデイサービスで入るので、足だけ洗います。それから日記を書いて、仏壇にお参りして午後10時には寝ます。よう眠れるの。朝まで一度も起きやしません。

Q　哲代おばあちゃんの元気の秘訣は？

頭も使わんとさびてしまいます。だから**いつも身近なところに辞書を置いておくの。**新聞や本を読んでいて、分からない言葉が出てきたらすぐに調べます。分からないままにするのが気持ち悪い。教師だった頃よりも今のほうがよう勉強しとるの、と思うたり。それに、姪に算数ドリルを買ってきてもらって計算問題を解くこともあります。**たいてい100点でございますよ。**

脳トレも楽しまんと続きません。最近、はまっていますのは「漢字でいくつ書けるかな」ゲームです。同じ音を漢字に変換していくの。例えば「カキ」だったら、柿、牡蠣、夏期、下記……というふうに。いくつ書き出せるか、地域の仲間と数を競うんです。勝負となれば熱が入ります。負けませんよ。

Q　腹が立った時の対処法は？

感情が波立っているうちに言い返してはいけません。その時はすっきりするかもしれんが、のちに必ず後悔するけえね。**私の母はよく「つばを3回飲み込みなさい」と言うとりました。**そう、ちょっと間をつくることです。そうするうちに心が落ち着きます。相手のことを「悪い人ではないんじゃがなあ、この年になってはもう直らんなあ」なんて、冷静に考えることができます。

Q　人生の最後に食べたいものは？

難しいなあ。うーん、何でも喜んでいただきますがなあ。強いて一つ、挙げるとしたらですか。**「ばら寿司」かなあ。**そもそも私は酢が好きなん。体がやらかいのもそのせいかしら。卵の黄色やら、でんぶのピンクやらカラフルでしょう。心がうきうきします。小さい頃、お祝いごとがあると母が作ってくれました。幼い頃の幸せだった気持ちを思い出すんですね。

Q　エンディングノートにどんなことを書いてる？

子どもがおりませんからねえ。姪たちに迷惑かけんように、80歳を過ぎた頃からぼちぼちと書いとります。思いついたら、あちこちのノートに書いとりま

すけえ、よう分からんことになっとる。整理せんといけません。
とにかく、細かいことをばちっと決めておくの。**葬式は自宅でしてねとか、香典返しの品や、最期に着せてもらう着物なんかもちゃんと書いておくんです。**そうそう、葬式の喪主のスピーチも考えとりますよ。託す相手が困らんように、迷わんように。こうして書いて残せば心配ナイチンゲール。私の心もすっきりです。

できなくなったことは追わずに、くよくよしない。
できることをいとおしんで、自分を褒めて、
まだまだやれると自信に変える。

第三章　１０２歳「ありがとうの人生」

１０２歳になった哲代おばあちゃんが
「うまいこと老いる極意」や「私らしくいるための五カ条」を伝えます。

2022年2月

体重が増えて入院!?

1月に書き初めをした時の私の写真（103ページ）を見て、皆さんから太ったとか顔がむくんだとか心配されました。そんなにいつもと違ったんかな。実はちいと前から、どうも脚がむくんでいるような気はしてたんです。

ちょうど病院（尾道市の公立みつぎ総合病院）に定期健診に行くことになってたから診てもろうたの。何やら薬をいただいてしばらく自宅で様子を見とりましたが、家の前の坂を歩くとちょっと息が苦しいような気もしてきて。心臓に負担がかかっとるということでした。通院するのも大変じゃからと入院することになったんです。

看護師さんと談笑

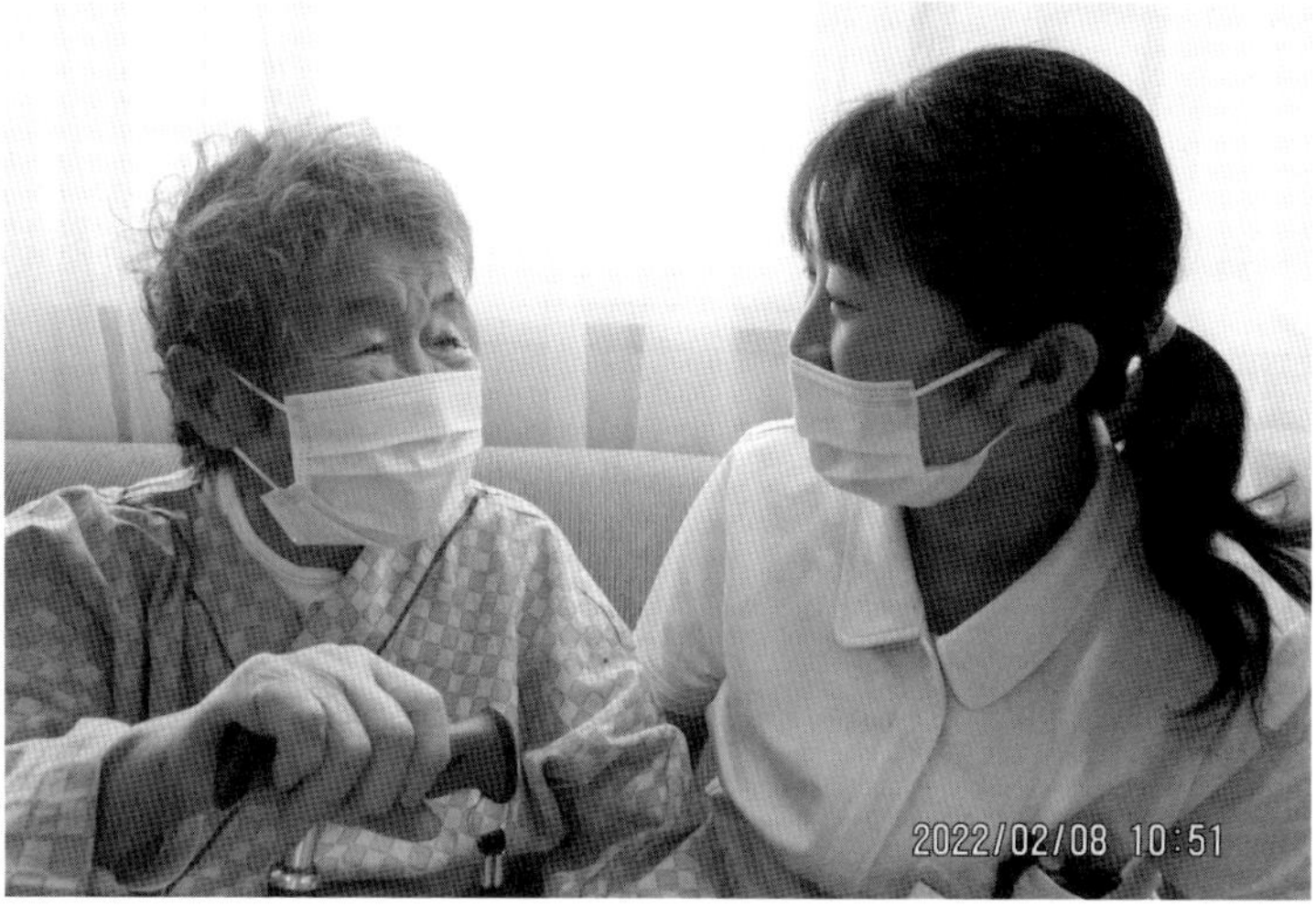

どうも体重が増えたのがよくなかったんだそうです。年末、正月とごちそうばあ（ばかり）食べとったからなあ。

食後も、おはぎの次はシュークリームってなもんです。食欲だけは衰えんの。それなのに、寒いから畑の仕事や草取りはサボり気味でなあ。

1カ月で4キロ増えとりました。

入院中はおやつなしで頑張りました。体重も元に戻しましたよ。早う元気にしてもらってよかった。退院後は、しばらく弥生さんの家でお世話になって春を待とうと思っております。

2022年3月

またここでぼちぼちやっていきたい

じっとしとられん性分ですから

退院してから1カ月間、弥生さんの家でお世話になりました。ふかふかの布団で寝かせてもろうて、おいしいご飯をたっぷりいただいて。じっとしとられん性分ですから時々掃除機をかけたり、晩ご飯のお手伝いをしたり。天気のいい日は菜園の草を抜いておりました。

あとは毎日2時間びっちり電子ピアノを弾いとりました。「ジュピター」（平原綾香さんのデビュー曲）っていう曲、知っとる？　弥生さんの家に楽譜があったから弾いてみたら、とてもいい曲でした。完璧に弾けるようになろうとずいぶん練習したんです。ウクライナの人にも聞かせてあげたいと思うたりしてなあ。私も太平洋戦争では上下町におって福山空襲を目撃しました。テレビでウクライナの映像が流れると恐ろしくなって見られんの。この時代に戦争なんて本当に情けないことです。

来月には１０２歳になります。この年で一人暮らしをさせてもらえる人はそうそうおらんかもしれませんね。はたから見たら冒険や挑戦のように映るかも

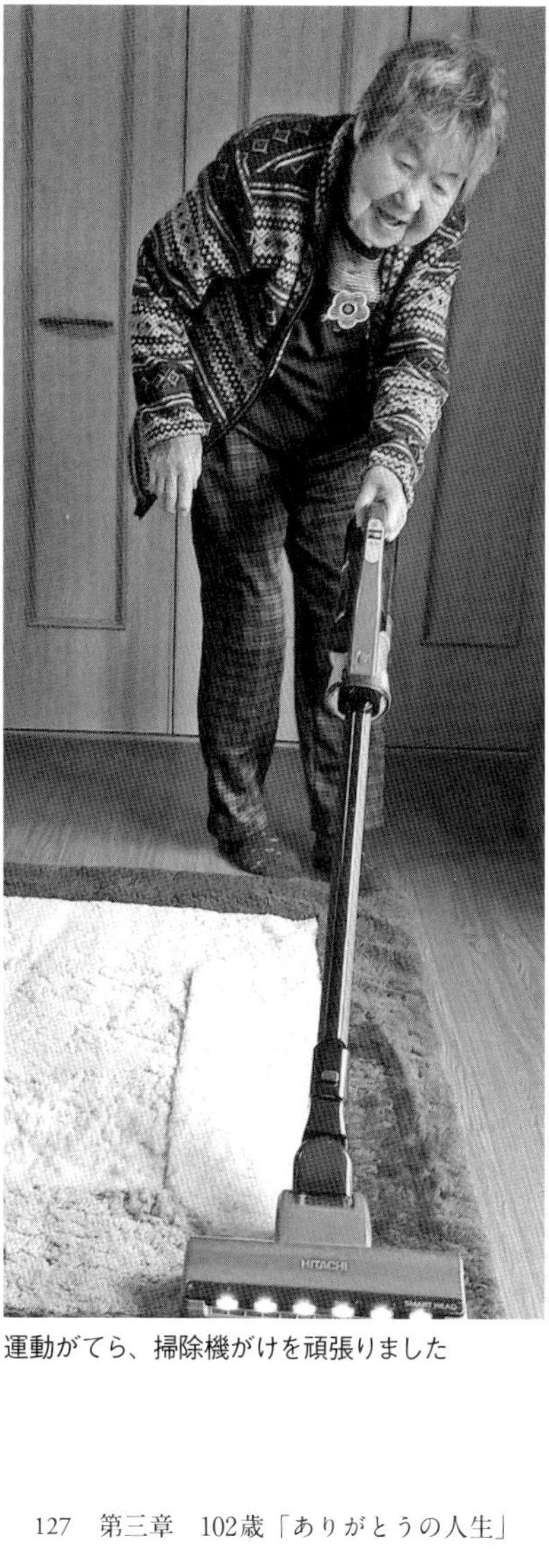
運動がてら、掃除機がけを頑張りました

おでんに入れるゆで卵の殻むきをお手伝い。「こういう根気の要るのはちいと苦手です」

しれん。じゃけど、みんなが支えてくれてじゃけん安心しとれるんです。私も本当に独りぼっちだったら落ち込んでしまうと思う。でも姪たちがいつも気に掛けてくれるん。この安心感が私の力になるんでございます。

家と畑に「ただいま」

弥生さんの家を離れ、わが家に帰ってきました。家も畑も待ってくれていたと思います。留守の間は金丸先生が手入れをしてくれとりました。ほんまに心強いです。うちはネズミがようけ出るの。金丸先生がネズミ捕りを仕掛けてくれて2匹捕まえた

んじゃそうです。
畑はサルが悪さして、タマネギをほとんど抜いてしもうたんじゃと。
私もいつだったか家の前でサルを見かけたの。大豆を小脇に抱えてエッシモッシと歩いとりました。こちらに気付いても慌てもせずになあ。私のほうがありゃーって驚いて、ただただ立って見とりました。
畑にはワケギができとります。春ですねえ。ちょっと採って昼の味噌汁に入れていただきましょうか。3月のうちに金丸先生とジャガイモを植えにゃならんですな。忙しゅうなります。

買い出しへGO！

冷蔵庫が空っぽですから弥生さんと近くのスーパーに買い物に行きました。毎日の味噌汁に必要な豆腐や油揚げのほかは、売り場を見ておいしそうなものを直感で買います。きょうは魚の干物とブリの刺し身、牛肉、桜あんパン、仏さんに供える春らしいピンクのお菓子も買いました。入院から2カ月近く留守をして無事に帰らせてもらうことができたのも、良英さんのおかげですなあ。良英さんと姪たち、近所の人たちに見守られて、またここで私なりにぼちぼちやっていきたいと思っています。

RCC「イマナマ！」が取材に来ました

テレビの取材!?

わおーわおーでございます。こんなおばあさんをテレビに映すんだそうで、RCCテレビの人（番組制作者の山本和宏さん。「イマナマ！」という番組を作っている人です）が撮影に来られました。普段通りにしとけばいいって言われても、何を話せばいいのやら。でも、こうやって若い人たちに出会えていろいろお話ができるのは本当にうれしいですね。101歳まで生きてきたからこそですなあ。

皆さんに大事にしてもらって、ほんまにいい人生でした。ありゃ。「でした」って言うたらいけんね。いい人生です。まだingでございます。

頼れるケアマネさん

いつもお世話になっとるケアマネの屋敷さんが来てくれちゃったの。私は要介護1なんじゃそうです。安心して一人暮らしを続けられるようにいろんなサービスがあることを教えてくれました。何やらこの近くに新しい施設（小規模多機能型居宅介護施設）がオープンするそうで、デイサービスもあって訪問もしてくれるし、時々泊まることもできるんじゃて。今度、一緒に見学に行くことにしました。ほんまいい時代になりましたなあ。

ケアマネジャー屋敷幸代さんと

2022年4月

「うまいこと老いる」極意

102歳になりました

今年も仲よしクラブのみんなと花見ができました。仲よしクラブは私が50代の頃に始めたの。自分ではあの頃と何も変わっちゃおらん気がしとるけど、**4月29日で102歳になりました**。できるだけ人に迷惑掛けずに自分でやれることをやっていきたいですね。

この前、布団に入ってふと、こんなに長う生きさせてもろうてありがたいねえと思いながら寝たん。**もう一回、20歳になれって言われてもなりたくないですね**。若いことに価値があるという考え方もあるかもしれんけど、私は年相応に生きさせてもらうのがいいなと思うとります。

毎日、あれやこれやと動いております。**やるべきことをいくつもつくって、一つずつこなしていくの。そうやって自分を励ましたり、健康のバロメーターにしてみたり**。

それが最近、冬布団の上げ下ろしがこたえるようになってきました。「これができるうちは大丈夫」と思うてやってきたんですが、年相応に体はガタついております。だから押し入れに収めるのはやめて、畳むだけにしたんです。このやり方もええですな。無理してけがしちゃいけんからなあ。

でもね、毎日の味噌汁は作れます。きょうも朝起きて、味噌汁の支度ができて、ええねとしみじみ思いよるん。自分でこしらえると感動的においしいの。できなくなったことを追わない、くよくよしない。できることをいとおしんで、自分を褒めて、まだまだやれるという自信に変えるんですね。

80歳を過ぎたあたりからかなあ、考えても仕方のないことを受け流すのがうまくなった。降参するのが早くなったんでございます。悪口言われても、この人は気の毒な人じゃなと思うし、自慢話ばかりする人も容認してあげるん。自

散った桜の花びらもいとおしいです

分の「うらやましい、うらやましい」の心にふたをして人を褒めるんです。人は人、自分は自分。違っていて当たり前。私は元気で生きとるだけで上等と思えるようになりました。

気張らず飾らず、あるがままを受け入れる。自分を大きく見せんことです。煩悩《ぼんのう》やねたみといった、しんどいことは手放すに限ります。その代わり、うれしいこと、楽しいことは存分に味わうの。感情の足し算、引き算をうまいことやっていくしかありません。元気でいるためには、まずは「心」ですから。心が体を引っ張ってくれる。心がしんどくならんようにするんが大切じゃと思います。

生きとる間は楽しまんと損ですね。「ああ、おなかすいた」とか「ああ、ご飯がおいしい」とか。一つ一つ、大げさに声に出してその瞬間を喜びます。そんなことをしていると、一日なんてあっという間に過ぎてしまうんでございます。

2022年6月

私らしくいるための五カ条

最近はようやく自分をご機嫌にさせるこつをつかめた気がしとりますが、若い頃は悩みや葛藤《かっとう》を抱えて、そりゃあ、とがっとりました。人生の場数を踏み、いろんな感情に折り合いをつけながら心の角をなくし、人間が円くなっていったんでしょうな。そんな私が、自分らしくいるために大切にしていることをおさらいしてみます。

【哲代おばあちゃん流　私らしくいるための五カ条】

一、自分を丸ごと好きになる

二、自分のテンポを守る
三、ひとり時間も大切
四、口癖は「上等、上等」
五、何げないことをいとおしむ

大きなイモに大喜び

いつもへらへら笑ろうて悩みもなさそうに見えるかも分からんですが、若い頃にはえっと（たくさん）えっと頭を打ってきたんです。26歳で良英さんと結婚して石井の家に入ったけど、子どもを授からなんだのが一番です。しゅうとは古武士みたいな人で美ノ郷村だった時代の村長でした。代々続く農家の嫁なわけですよ。子だくさんが当たり前の時代でしょう。子どもが持てんのなら、この家におるべきではないと自分では思っていました。

ばかにされる、という言葉が適切かどうかは分からんけど、何をするにも「あの家には子どもがおらんけん」と陰口を言われたくないという思いが強かった。負けん気っていうんかな。教員の仕事も炊事も田畑の仕事も一生懸命でした。勤め先の学校からも一目散に帰ってすぐ畑に出るんです。**思い悩む暇をつくらんように、その日その日を忙しく働くことばかり考えとりました。**

でもね、私には教員の仕事があったからずいぶん救われたんです。嫁という立場だけならこの家にはようおらなんだ。学校では子どもたちを存分にかわいがって、自分らしくいられました。子どもたちの親とも親しゅうなってね。**自分が生きる場所がちゃんとあったから家でも頑張れたんかもしれません。**

雑草は見逃しません

まあ、良英さんは、仕事は真面目でほんと人から慕われとったんですけど、

実は恥ずかしがりやです

豪快で毎晩人を連れてきては大酒を飲むんでございます。自分の給料は人付き合いと飲み代に消えてしまうの。じゃから私が稼ぐしかなかったんかもしれんけどね、ふふふ。

　仕事があるというんは、そういう意味でも自分の存在意義というんか、心を守ってくれました。

　振り返れば、私もいじらしいです。義理の両親をみとって、教員を退職してから、ようやく肩の荷が下りた気がしました。それまでは隙をつくらないよう鎧《よろい》を着けたようなものでしたから。

マイペースが一番です

でも、それも無駄ではなかったと思います。痛い思い、切ない思いをしてようやく行き着いたのが今の私です。とがっとった過去の自分も嫌いじゃあない。あれも正真正銘の私です。丸ごと好きよと認めてやりたいです。

そうそう、良英さんが亡くなる前にこう言うてくれたの。「子どものことは気に病まんでもええ」って。嫁の私一人がしんどいと思うとったけれど、あの人も一緒に背負うてくれとったんかもしれん。あの最期の言葉のおかげで、心を切り替えることができました。**しんどい時があったからこそ、肩が軽うなった今の暮らしが喜びに満ちてるんかもしれんなあ。自分で自分を褒めてやらんといけんんです。**

若い頃のようにちゃっちゃと動けんようになりました。畑に出るにしてもご飯の支度をするにしても、休憩を挟んでちょっとずつエンジンをかけるんです。きのうも昼ご飯を済ませて、さあ畑に出ようと思っていたのに、ようやく腰を上げたのは日が暮れようかという頃じゃったん。へへへ。台所の椅子に座ったまま何をするでもないんじゃけどなあ。**自分のテンポってものがあるんです。**

気の向くままでございます。

近所の人たちとおしゃべりしたり、仲よしクラブでわいわいやったりするのが好きなんですが、一人で過ごすのも必要な時間です。本を見たり新聞を読んだりしてね、あとは大方、ぼーっとしとるんですけどね。**エンジンかけるための充電とでも言いましょうか**。その時間がね、なけにゃいけんの。それが自分のテンポで動く力になっとります。

何ごとも、いいように受けとると気持ちが高揚しますね。102歳になると今まで通りにはできんことも増えてきました。でもできたことを喜ぶ。出来栄えは不細工でも「これで上等、上等」ってなもんです。

近所の人がよく顔を見せに来てくれる。健康で笑っておしゃべりして、畑にも行ける。**特別なことのない毎日でも、まめで暮らさせてもらえる一日一日が自分にとっては上等です。**

子どもたちが学校から帰る姿を見ると必ず「おかえり」と声を掛けるん。きょうも学校に行って一日勉強したんじゃなと思うとかわいくて。何げない風景に妙に見入ってしまう。

こうやって年を重ねると、残りどれだけ生きられるかなあって何となく思うんです。命には限りがありますもんね。だからなのかなあ。一つ一つが上等でいとおしい時間です。

哲代おばあちゃんのおいしい長生きレシピ

哲代おばあちゃんに、よく作って食べている料理を教えてもらいました。どれもほんとうにおいしくて、元気に長生きできそうなレシピです。ぜひ作ってみてください。

瀬戸内いりことジャガイモのきんぴら

いりこは食べやすい大きさにさき（頭も使います）、ジャガイモとニンジンは千切りにしておく。鍋にごま油大さじ1を熱し、塩少々を入れて一呼吸置いてから、いりことジャガイモを強めの中火でよく炒めます。ジャガイモに透明感が出たら、ニンジンも入れます。よく炒まったら砂糖、しょうゆを加えます。わが家では瀬戸内産の大きないりこを常備しております。

白菜といりこを一緒に炊いて、軟らかくなったらしょうゆで味付けし、食べる時に酢をジャーッと回しかけるのもおすすめですよ。いりこも酢も体にいいでしょう。八宝菜のような味でいくらでも食べられますよ。

ばら寿司

2合の米を炊き、具材のレンコン、ニンジン、シイタケを小さく刻んで鍋に入れ、しょうゆ、酒、みりんで煮ておきます。

合わせ酢（酢80cc、砂糖大さじ2、塩小さじ1）を火にかけ、砂糖と塩が溶けたら炊きたてのご飯に具材と一緒に混ぜます。金糸卵（砂糖で少し甘めに）と桜でんぶ、刻んだしその葉を散らしてできあがりです。酢が多いですか？　ちょっと酢飯が軟らかくなりますが、私はこのくらいが好きです。

カレイの煮付け

酒、しょうゆ、みりんを鍋に一回しずつ（同量）入れます。少量の水を足してカレイの切り身を入れ、中火にかけます。煮立ったら少し太めの千切りショウガを入れます。

以前は隣町の三原から魚の行商が来てくれていましたから、お魚料理はよく作っていました。

カレイのほかにメバルなんかもおいしいです。

基本のお味噌汁

ひしゃく1杯（約600cc）の水といりこ6匹を小さくさいて鍋に入れ、中火にかける。沸騰したらニンジン、白菜を加える。野菜が軟らかくなったら味噌を溶かし入れます。いりこは出汁を取るだけでなく、そのまま具としていただきます。カルシウムたっぷりでございます。仕上げに小口切りのネギを添えます。野菜はその時々に畑にある物を入れています。

卵をぽちゃんと落として半熟にしていただくのも好きでございます。

すき焼き風

牛肉の細切れをごま油で中火で炒め、砂糖としょうゆ、みりん、酒で味をつけます。そこに斜めに薄切りにしたゴボウ、ひとくち大に切った白菜の順で加え、さっと煮ます。白菜のシャキシャキ感が残るくらいが私は好きです。千切りショウガと一緒にいただくと、さっぱりしていくらでもいけます。

キュウリもみ

キュウリを薄切りにします。塩を振りかけ、5分ほど置きます。水が出てきたらしっかりもんで、最後に力一杯ぎゅーっと絞ります。砂糖と酢で和《あ》えたらできあがりです。砂糖は気持ち多めです。私はとにかくお酢が好きです。食卓に置いておいて野菜炒めでも焼き魚でも残り半分くらいになったら酢をさーっと回しかけるん。味が変わっていいですよ。シソやゴマはお好みで。

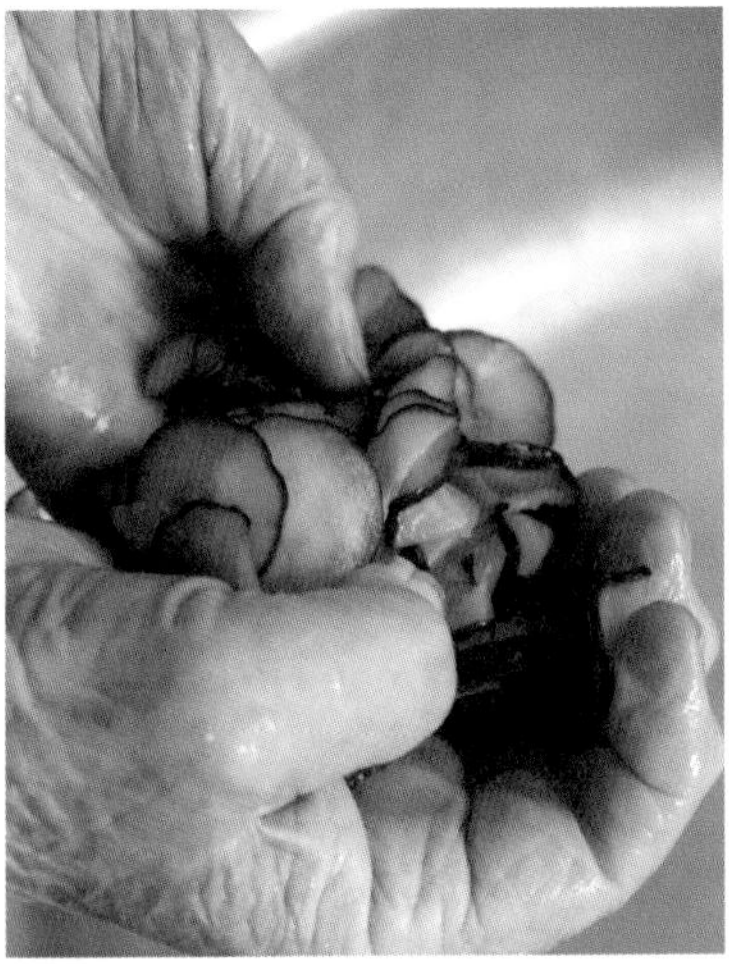

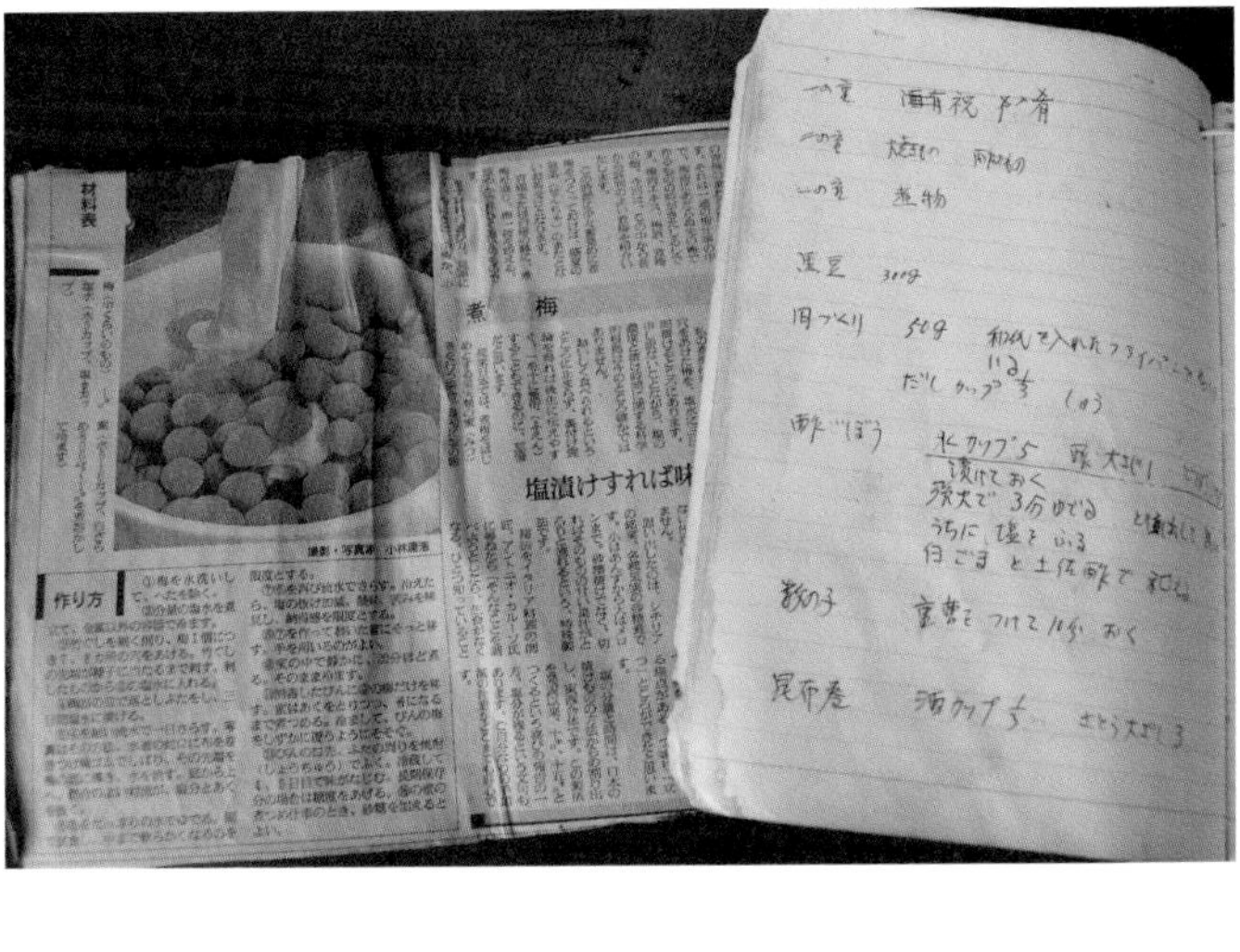

哲代おばあちゃんがレシピを書きためている料理ノート。料理の記事の載った新聞の切り抜きも挟んで保管している

おわりに「人生100年時代のモデルを見つけた」

中国新聞社　木ノ元陽子・鈴中直美

本書は、石井哲代さんの暮らしをルポした中国新聞の連載記事を一部、加筆修正したものだ。100歳で一人暮らしをする女性の日常をありのまま描写し、こぼれ落ちた言葉を拾い集めてきた。取材はアラフィフの記者二人が担当した。哲代さんのもとへ通い、夢中で話を聞いてきた。取材のたび、この人から教わったことを早く読者に届けたいと心がはやった。でも一番励まされてきたのはきっと、私たちなんだろうと思う。

とにかく全力で生きている人。何ごとも、小さな体をフルに使ってやってみせてくれる。歯を食いしばって大根を抜く。うっとりとした表情を浮かべオルガンを奏でる。人の話は身を乗り出して聴く。ご近所さんからの差し入れに、よだれを拭うふりをして喜びを表現する……。

取材を受けるのも全力である。例えば「笑顔で！」とカメラを向けると、頼みもしないのにずっこけたような面白いアクションを付けてくる。インタビューを録音しますよと言うと、急によそ行きの声になる。こちらの動きを観察していて、一生懸命協力してくれる。目の前にいる人を大切にしようとする気持ちが伝わってきて、いつも感動してしまう。

取材も3年目に入り、少しずつ分かってきた。哲代さんが何ごとにも全力で取り組む理由が――。本人は無意識でやっていることだろうが、三つ、大切な意味があるように思う。

一つは、日々の行動が自分の体力と気力のバロメーターであること。一日でも長くこの家で暮らしたいと哲代さんは思っている。１００歳を超えると、施設に入るという選択肢から目を背けられなくなる。それでも「私はこの家の主《あるじ》ですけえ」と自分にハッパを掛ける。跡継ぎのいない家をなるべく長く、愛情をもって守る。それが残された者の使命と考えている。

体を動かすとちゃんとおなかがすく。ようけ眠れる。よしよしいいぞ、この調子――。体と心の具合を確かめながら、哲代さんは一人暮らしの日々をいとおしむ。手抜きなんてしていられない、一瞬ごとが真剣勝負なのである。「バタンと倒れてもその時はその時。それまでは精いっぱい生きていこうと思うとります」。笑いながらしれっと、強い覚悟を語るのだ。

二つ目は、主体的に自由に生きる喜びを満喫したいという気持ちがある。「年寄りになったら受け身になりがち。何でも用意してもらって準備してもらって当たり前と思うてしまう。いったい誰の人生ですかと聞きたいです」。同じ高齢者には時に辛口である。

さて何をしようか、何を食べようか。自分で考えて、決めて、行動する。できないことは上手に人に頼る。介護サービスも活用する。こだわるのは「自立」というより、「自律」した暮らし。「同じ生きるんなら、一生懸命楽しまんと損です」が口癖だ。

全力で生きる、三つ目の理由。それは自分自身を励ますためでもあると思う。普段、おちゃめでかわいらしくて、みずみずしい哲代さん。でも、ふいに見せてくれるのだ。子どもがいない心細さも、一人で食べる夕食の寂しさも、雨の日に少し涙ぐんでしまう切なさも。そんな感情を、哲代さんは「弱気の虫」と呼ぶ。

「一人で物を言わずに座り込んでいると、マイナスのことしか考えんようになります」。だから哲代さんは一生懸命動かす。心も、体も。ささやかなことに大喜びし、大笑いして自分を励ましているのだと気付かされる。弱気の虫が暴れないように。

新聞連載の初回の一文目に、「人生100年時代のモデルを見つけた」と書いた。もはや長寿は「リスク」と見なされる社会である。足がすくむ気がしなくもないが、折り返しの道を果敢に楽しみたいとも思えるようになった。それは哲代さんに出会えたから。

取材を終えて坂道を下りる。哲代さんはずっと手を振ってくれる。車を切り返してから、もう一度家の前を通ると、まだ手を振っている。「用心して帰りなさいよー」と叫ぶように言う。声の大きさに安心し、いつまでも元気でいてほしいと思ってちょっと涙が出そうになる。こちらも負けないように声を張り上げる。

「また来ますね、哲代さん」

2023年の抱負

さあ、2023年です。私も春には103歳。今年も絶好調でございます。今年をどんなふうに生きたいかって？　高望みはいたしません。「無事」が一番です。何の変哲もない、平凡な毎日の中に喜びを見つけていきたいです。残りの時間を考えると、この一瞬一瞬がとてもいとおしいの。じゃからね、もうちいと一人暮らしを頑張ります。最後に、「ああ、生きた。ええ人生じゃった」と思えるように。

どうか、皆さんも無事に過ごしてください。戦争のない平和な世界になりますように。どの国の子どもも安心して暮らせますように。おばあさんの心からの願いです。

石井哲代（いしい・てつよ）
1920年、広島県の府中市上下町生まれ。20歳で小学校教員になり、56歳で退職してからは畑仕事に勤しむ。近所の人からは、いまも「先生」と呼ばれている。26歳で同じく教員の良英さんと結婚。子どもはおらず、2003年に夫が亡くなってからは親戚や近所の人に支えられながら一人暮らしをしている。100歳を超えても元気な姿が「中国新聞」やテレビなどで紹介されて話題に。

木ノ元陽子（きのもと・ようこ）
1970年、大阪府堺市生まれ。中国新聞社編集委員室長。

鈴中直美（すずなか・なおみ）
1973年、広島県東広島市生まれ。中国新聞社報道センターくらしデスク。

左から鈴中さん、木ノ元さん、哲代おばあちゃん

撮影：鈴中直美、木ノ元陽子、井上貴博（カバー、p.3、p.6、p.135、p.136、p.137、p.145）、
尾道市立総合医療センター公立みつぎ総合病院提供（p.60、p.125）
デザイン：大久保明子

初出　中国新聞（2020年10月26日～2022年6月6日）

102歳《さい》、一人《ひとり》暮《ぐ》らし。
哲代《てつよ》おばあちゃんの心《こころ》も体《からだ》もさびない生《い》き方《かた》

二〇二三年一月一〇日　第一刷発行
二〇二三年四月　一日　第九刷発行

著　者　石井《いしい》哲代《てつよ》・中国新聞社《ちゅうごくしんぶんしゃ》
発行者　鳥山　靖
発行所　株式会社　文藝春秋
〒一〇二‐八〇〇八
東京都千代田区紀尾井町三番二十三号
電話　〇三‐三二六五‐一二一一

印刷・製本　萩原印刷
ＤＴＰ　エヴリ・シンク

ISBN978-4-16-391646-0
Printed in Japan